ATRIUM

AF511093

Arbeit und das gute Leben – im Angesicht von Erschöpfung und Überforderung klingt das nach einem Widerspruch in sich. Und tatsächlich, die Art und Weise, wie wir heute erwerbsarbeiten und wirtschaften, erlaubt sich all das, woran Mensch, Gesellschaft und Planet kranken: Ausbeutung, Zerstörung, Konkurrenz und Gier. Doch ein anderes Arbeiten und Wirtschaften ist möglich, und wie das geht, zeigen uns die sogenannten Caring Companies. Sie beweisen, dass der Schlüssel für ein gutes Leben und einen neuen Wohlstand in der Anerkennung dessen liegt, was uns als Menschen ausmacht: die Sorge füreinander.

Esther Konieczny
Lena Stoßberger

ARBEIT UND DAS GUTE LEBEN

Wie wir Wohlstand neu erfinden

Atrium Verlag · Zürich

MIX
Papier | Fördert gute Waldnutzung
FSC® C014496

Copyright © 2024 Esther Konieczny, Lena Stoßberger
Originalausgabe
1. Auflage 2024
© Atrium AG, Zürich, 2024
Alle Rechte vorbehalten
Dieses Werk wurde vermittelt durch die
Monika Kempf Literaturagentur.
Umschlaggestaltung: Annemike Werth, Hamburg
© Autorinnenfoto: Ksenia Les
Satz: Pinkuin Satz und Datentechnik, Berlin
Druck und Bindung: GGP Media GmbH, Pößneck
Printed in Germany
ISBN 978-3-85535-207-4

www.atrium-verlag.com
www.facebook.com/atriumverlag
www.instagram.com/atriumverlag

Inhalt

Unseren Töchtern
Hannah
Maria
Liv

Care-sensible Wende, die; <Sprachmischung Deutsch/Englisch>; [keə(r) zɛnˈziːblə ˈvɛndə]; beschreibt den Übergang von einer patriarchalen Ordnung von Arbeit und Wirtschaft hin zu einer partnerschaftlichen Kultur, in der das Prinzip der Fürsorge für Mensch, Gesellschaft und Welt zum Ausgangspunkt allen wirtschaftlichen Handelns wird. Im Ergebnis erzeugt die care-sensible Wende eine Form von Wohlstand, die nicht nur auf wirtschaftlicher Leistung beruht, sondern auch das Wohlergehen von Mensch und Planeten abbildet.

Kapitel 1

Die Leistungsgesellschaft schafft sich selber ab

Während wir dieses Buch schreiben und uns mit den Zusammenhängen von Arbeit, Leistungsgesellschaft, Erschöpfung und Fürsorge beschäftigen, blockieren aufgebrachte Bäuerinnen und Bauern das Berliner Regierungsviertel und ziehen vor das Brandenburger Tor. Die Kundgebung ist der Höhepunkt einer bundesweiten Protestwoche der Landwirt:innen. Viele Medien begleiten die Proteste mit Hysterie und Häme, der *Stern* titelt etwa polemisch, ob Wirtschaftsminister Robert Habeck in Anbetracht der enormen Wut, die sich hier offenbart, wohl um sein Leben fürchte. Erst am Tag zuvor war das Brandenburger Tor noch Schauplatz einer der ersten großen Demonstrationen gegen die AfD geworden. Wenige Tage vorher hatte ein investigatives Journalist:innen-Team aufgedeckt, dass die rechtspopulistische, bisweilen rechtsradikale Partei in konspirativen Kreisen eine Wiederholung des düstersten Kapitels deutscher Geschichte plant.[1] Ein Weckruf, der in den nächsten Wochen deutschlandweit für Demonstrationen Hunderttausender Menschen sorgt. Zu dieser ganz realen Angst vor dem

Rechtsruck in der Gesellschaft und der hitzigen bis gewaltvollen Debatte um Subventionsabbau in der Landwirtschaft gesellt sich das Dauerbrennthema Klimapolitik. In jenen Tagen laufen die deutschen Umweltverbände und NGOs Sturm gegen die Entscheidung der Bundesregierung, das geplante Klimageld in dieser Legislaturperiode nicht mehr umzusetzen. Das Klimageld sollte ein zentraler Hebel sein, um den sozial-ökologischen Umbau der Gesellschaft gerechter zu gestalten, der vor dem Hintergrund der wachsenden Bedrohung durch die Klimakatastrophe immer dringlicher wird.

Im Angesicht all dieser Nachrichten scheint es, als kämen wir nicht mehr zur Ruhe. Spätestens seit der Jahrhundertkrise Corona wirkt es, als hätte jemand am Lautstärkeregler gedreht. Die Krisen und krisenhaften Phänomene, die schon vor Ausbruch der Pandemie Realität waren – die gesellschaftlichen Spaltungstendenzen, die wachsende Ungerechtigkeit, der erstarkende Rechtspopulismus, die Verrohung in der öffentlichen Debatte und natürlich die Klimakatastrophe –, haben eine dröhnende Allgegenwart entwickelt: Sie sind da, sie sind immer dichter, und sie sind nicht mehr zu überhören. Gesellschaft im Dauerstress. Die Krise hat offenbar ihren Singular verloren. Polykrise, Mehrfach- oder multiple Krisen sind die Schlagworte, die das Phänomen beschreiben sollen, das die meisten von uns entweder in eine dauerhafte Aufgeregtheit versetzt oder in die innere Resignation abdriften lässt.

Dabei werden sprachliche Mauern hochgezogen, an denen jede Auseinandersetzung nur noch abprallen kann. Die Folge: Kommunikation endet immer häufiger und Verständigung wird unmöglich. Statt Verständigung, statt einander zuzuhören haben Beleidigungen, Schmähungen, sogar Gewaltandrohungen Hochkonjunktur. Die Wut, die in sozialen Medien zum guten Ton gehört, wird bedrohlicher und rückt erschreckend nahe: Während des Europawahlkampfs im Frühjahr 2024 kommt es gleich zu mehreren gewaltvollen Übergriffen auf politische Mandatsträger:innen und Wahlkampfhelfer:innen.

Hinter diesen Angriffen und der Gereiztheit der gegenwärtigen Debatten lässt sich ein Mangel erkennen, der sich wie ein Virus durch die Gesellschaft frisst: Es ist der Mangel an Anerkennung und Wertschätzung, der sich hinter der lauten Wut versteckt.[2]

Schauen wir uns um, gehen wir wachen Auges durchs Leben, können wir deutlich beobachten: Anerkennung und Wertschätzung sind heute aufs Engste an Erfolg gekoppelt. Was Erfolg ist, wie er schmeckt, riecht und aussieht, erzählen uns die zahlreichen und ständig wechselnden Insignien einer durch und durch ökonomisierten Gegenwart: Bilder, Storys und Konsumtrophäen.

Leistung und Wettbewerb, die normativen Grundpfeiler der kapitalistischen Marktwirtschaft, haben längst sämtliche Lebensbereiche kolonisiert. Als Wettbewerbs- und Leistungsgesellschaft gehen wir der Mär auf den Leim, Erfolg sei ausschließlich das Ergebnis individueller Leistung – und nicht etwa eine glückliche Fügung aus Herkunft, Hautfarbe, Erbschaft oder Zufall. Wer hier nicht mithalten kann, verliert Anerkennung, dem wird Wertschätzung entzogen. Wer versagt, gehört nicht mehr dazu.

In einem solchen Hochdrucksystem aus Wettbewerb und Konkurrenz fällt es schwer, sich auf andere Menschen und Perspektiven einzulassen, genauso wie auf Veränderungen. Subventionsabbau? Einwanderung? Energie- und Mobilitätswende? Jeder Wandel, jede Transformation muss unter diesen Bedingungen an der individuellen Sorge scheitern, aus dem System katapultiert zu werden, zu verlieren. Abstiegsangst, überall.

Ein solches System, so stellte es Erich Fromm in seiner kapitalismuskritischen Schrift *Haben oder Sein: Die seelischen Grundlagen einer neuen Gesellschaft* bereits 1976 fest, muss zu »notorisch unglücklichen Menschen führen«. Überfluss, die »Liebe zum Konsum«[3] und eine Wachstumsobsession sind Indizien dafür, dass das »Haben« dem »Sein« in den westlichen Wohlstandsgesellschaften deutlich überlegen ist.

Es steht außer Frage und ist ausreichend empirisch belegt, dass zu einem zufriedenen Leben die materielle Befriedigung von Grundbedürfnissen – also immer auch ein gewisses Maß an »Haben« – dazugehört. Bekannt ist allerdings auch, dass zwischen Einkommen und subjektivem Glücksgefühl eine Schwelle besteht: Ab einem bestimmten Punkt führen Einkommenszuwächse nicht mehr zu einer Zunahme von Zufriedenheit und Glück.

Die Glücksforschung bestätigt, was Fromm vorausahnte. In einer Langzeitstudie haben Wissenschaftler:innen der Harvard University herausgefunden, dass es einen generalisierbaren Faktor gibt, der sich als der wichtigste für ein glückliches Leben herausstellt: Es sind gute Beziehungen. Es sind die Beziehungen zu unserer Familie und unseren Freund:innen, zu Kolleg:innen und Nachbar:innen, selbst Zufallsbegegnungen können unser Wohlbefinden und Glücksgefühl steigern. Es ist also das *Sein*, weniger das *Haben*, das uns zu dauerhaft glücklichen Menschen macht.

Dieses Ergebnis aus mehr als achtzig Jahren Forschung könnte man auch so beschreiben: Was der Mensch braucht, ist die Gewissheit, in Beziehung zu sein. Als soziale Wesen brauchen wir einander – das beginnt etwa mit einem unverbindlichen Gespräch in der Tram und endet in der gegenseitigen Übernahme von Verantwortung für das Wohlergehen der jeweils anderen Person. Der Begriff, der dieses menschliche Urbedürfnis auf den Punkt bringt, ist *Fürsorge*.

Während wir also unser Buch schreiben und auf all die gesellschaftlichen Spannungen und die aktuellen Krisen – allen voran die Klimakrise – schauen, drängt sich der Gedanke auf, dass sie Ausdruck einer *Seins*-Krise sind: Der Mangel an Beziehung und Fürsorge zugunsten der Dominanz wachstums- und leistungsorientierter Werte hat uns als Gesellschaft in diesen instabilen, prekären Zustand katapultiert.[4]

Uns ist die Fürsorge abhandengekommen – und hiermit meinen wir nicht die Fürsorge in ihrer »tätigen« Form als Fürsorgearbeit, sondern als Wert, an dem sich alles Handeln, auch das wirtschaftliche, ausrichtet.

Die Werte, an denen wir heute Wirtschaft ausrichten, und die Prinzipien, die wir hieraus für die Gestaltung von Arbeit ableiten – Konkurrenz, Machtstreben, Gier –, sind mitverantwortlich für die großen Krisen und gesellschaftlichen Spannungen der Gegenwart. Die Ökonomisierung besetzt teils schleichend, teils breitschultrig alle Lebensbereiche und verdrängt damit alternative Entwürfe und Wertvorstellungen.

Wenn wir als Gesellschaft den Krisen unserer Gegenwart etwas entgegenhalten wollen, müssen wir genau hier ansetzen: Wir müssen Fürsorge, oder *Care*, zu einem Leitstern wirtschaftlichen Handelns machen. Das Ergebnis ist eine fürsorgende Wirtschaft, die nicht länger fragt: »Was ist gut für das Wachstum des Systems?«, sie fragt: »Was ist gut für den Menschen?«[5] Eine solche Wirtschaft kann es uns ermöglichen, den Zustand der Mehrfachkrisen zu überwinden, wieder zueinander zu finden und gemeinsam Lösungswege auszuhandeln.

Im Zentrum des Buches steht die Frage, wie wir Arbeit und Wirtschaft so gestalten können, dass sie dem Menschen, der Gesellschaft und dem Planeten dienen und das »gute Leben« ermöglichen. Wir verfolgen die These, dass die Anerkennung und Aufwertung von »Fürsorge« zentrale Hebel für diese Neugestaltung sind. Im ersten Teil des Buches erläutern wir den Zusammenhang von Arbeit und Wirtschaft und der Bedeutung des menschlichen Bedürfnisses nach Fürsorge. Im zweiten Teil widmen wir uns der Frage, wie eine »fürsorgende Wirtschaft« gelingen kann. Wir stellen sieben Unternehmen vor, die einen neuen Weg einschlagen und den Wert der Fürsorge zum Orientierungspunkt allen wirtschaftlichen Handelns und der Gestaltung von (Zusammen-)Arbeit machen. Abschließend formulieren wir in Kapitel 3 verschiedene Handlungsfelder, die für Unternehmen, die einen neuen, lebensdienlichen Weg suchen, das Anfangen ermöglichen.

1 Wie die Fürsorge verschwand

Der Philosoph Jean-Pierre Wils schreibt in seinem Essay *Der große Riss* über die Corona-Pandemie: »Das Virus mutierte zur eigenwilligen Aufklärungsinstanz: Covid-19 zeigte wie unter einer Lupe auf den instabilen Zustand unseres Zusammenlebens.« Aufklärerisch wirkte das Virus, weil es einem Begriff, der bis zu diesem Zeitpunkt vor allem in feministischen und pädagogischen Kreisen verhandelt wurde, eine steile Karriere ermöglichte: In Anbetracht von geschlossenen Schulen und Kindergärten, überlastetem Pflegepersonal, vereinsamten Menschen in Altenheimen und gelockdownten Eltern fiel das Scheinwerferlicht auf all die fürsorgenden, pflegenden und kümmernden Tätigkeiten, die wir als *Care* oder Fürsorgearbeit bezeichnen.

Das Fürsorgende und die damit verbundene Arbeit fristeten bis zum Ausbruch der Pandemie ein eher stilles, schattenhaftes Dasein in unserer umtriebigen Gegenwart. Erst der pandemische Stillstand, das Erleben von Vereinzelung, Einsamkeit und radikaler Verunsicherung lehrten uns den eigentlichen Wert von Fürsorge. Fürsorge ist dabei nicht nur eine *Tätigkeit*, die man abarbeitet wie die Punkte einer To-do-Liste.

Fürsorge ist *emotionale* Arbeit, Fürsorge braucht Zeit, ist Beziehung und als solche ein menschliches Grundbedürfnis. In seiner *gebenden* wie *nehmenden* Form ist Fürsorge überlebenswichtig, allgegenwärtig und nicht auf Lebensphasen wie Kindheit oder Alter begrenzt. In unserem Verständnis ist Fürsorge auch weit mehr als fürsorgliche Tätigkeiten im familiären Kontext. Wir können sagen: Die Sorge füreinander ist das, was uns im Kern als Menschen ausmacht und uns im gesellschaftlichen Zusammenhang ein friedliches Miteinander erst ermöglicht. Einer anderen Person aus einer schwierigen Lage zu helfen, so wird die bedeutende US-amerikanische Kulturanthropologin Margaret Mead häufig zitiert, sei der eigentliche Beginn der Zivilisation.

Wenn die Pandemie den »instabilen Zustand unseres Zusammenlebens« so deutlich zeigte, wie Wils schreibt, dann wohl genau deshalb: weil sie wie keine andere Krise zuvor offenbarte, dass wir *Fürsorge* als gesellschaftlichen Wert aus dem Blick verloren haben.

Die Vernachlässigung von Fürsorge ist folgenreich für die Art, wie wir unser gesellschaftliches Miteinander gestalten, für unseren Begriff von Wohlstand und für unser Verständnis dessen, was wir als das »gute Leben« bezeichnen.

Wenn wir verstehen wollen, wie die Fürsorge aus unserem Wertekanon verschwand, müssen wir zurückblicken.

Der Entwertung von Fürsorge geht eine Geschichte der Trennung voraus, die mit der Industrialisierung ihren Anfang nahm: Mit der Entstehung von Städten und Fabriken im industriellen Zeitalter war die Idee der Lohnarbeit geboren, die die Menschen von Haus und Hof weglockte, um in den Fabriken die eigene Arbeitskraft gegen Geld einzutauschen. Die noch in der Agrargesellschaft so relevante wirtschaftliche Einheit »Haushalt« – eine Gemeinschaft, die sich auch unabhängig von Verwandtschaftsverhältnissen dem Ziel der gemeinsamen *Versorgung* verschrieb – zerfiel in zwei Teile. Der *private* Haushalt war geboren, dem von nun an der öffentliche Markt gegenüberstand.

Die Trennung war folgenreich, denn mit ihr wurde das System Wirtschaft aus der Idee einer fürsorgenden Gemeinschaft entlassen. Arbeit wurde von nun an zweigeteilt, in einen sogenannten *produktiven* Teil, der als Erwerbsarbeit in der Sphäre des Marktes stattfindet, und einen *reproduktiven*, der als sorgende Tätigkeiten im Privaten erfolgt.

Die kapitalistische Industriegesellschaft hat also eine Ordnung geschaffen, die uns bis heute glauben macht, dass nur in einer der beiden Sphären von Tätigkeiten, nämlich in der Sphäre des Marktes, durch Arbeit »Mehr-Wert« geschaffen werde und so »Wertschöpfung« entstehe.

Dieses Ungleichgewicht spiegelt sich auch sprachlich wider: Wer heute von »Arbeit« spricht, meint in aller Regel *Erwerbs*arbeit. Zahlreiche andere Tätigkeiten, die dem (für-)sorgenden, privaten Bereich zugeordnet sind wie Haus- und Familienarbeit, aber auch Formen der Freiwilligenarbeit wie etwa politisches oder gemeinnütziges Engagement, tauchen in unserer Bedeutungswelt von Arbeit kaum auf. Der Wirtschaftstheoretiker Friedrich List spöttelte schon vor mehr als 170 Jahren über diese unterkomplexe Zweiteilung von Arbeit und die marktverliebte Überbetonung von Erwerbsarbeit, als er schrieb: »Wer Schweine erzieht, ist ein produktives, wer Menschen erzieht, ein unproduktives Mitglied der Gesellschaft.«[6]

Was die Erzählung der Zweiteilung von Arbeit verschleiert: Jede marktseitige Wertschöpfung ist immer erst möglich, weil andere fürsorgende Arbeiten im Privaten erledigt werden. Auf diese vermeintlich kostenlose Ressource greifen Markt und Unternehmen immer wieder »maßlos und sorglos«[7] zurück. Der private Raum, den die Marktökonomie geschaffen hat, ist ein sozialer Raum, in dem Kinder aufwachsen und umsorgt werden, in dem Kranke genesen und Alte gepflegt werden, in dem Leistungsfähigkeit überhaupt erst hergestellt und erhalten wird. Und zugleich ist dieser Raum ein Krisenpuffer für die emotionalen, physischen wie psychischen Kollateralschäden, die der Markt erst erzeugt.

Jede Form von Care ist damit zwar eine unentbehrliche Ressource und Voraussetzung für den Markt – und so selbst ein produktiver Akt –, doch ihr Wert für die Geld- und Marktwirtschaft bleibt bis heute und trotz Corona weitestgehend unsichtbar: Weder in ökonomischen Modellen noch in Wirtschaftsrechnungen oder volkswirtschaftlichen Kennzahlen findet sie Niederschlag. Zwölf Milliarden Stunden unbezahlte Sorgearbeit werden laut der OXFAM-Studie »Im Schatten der Profite«[8] täglich weltweit in der privaten »Schattenwirtschaft« geleistet. Und sie werden größtenteils von Frauen und Mädchen geleistet. Denn mit der kapitalistischen Marktökonomie wurde Sorgearbeit nicht nur zur Ausbeutungsressource; mit ihrer Entwertung wurde zugleich eine Geschlechterhierarchie festgeschrieben: Die (sorgende) Frau wurde zur heimlichen Dienerklasse des (erwerbstätigen) Mannes, wie es John Kenneth Galbraith, einer der einflussreichsten Ökonomen des 20. Jahrhunderts, beschrieb. Er bezeichnete diese (Unter-)Ordnung sarkastisch als eine ökonomische Leistung ersten Ranges.[9]

Der faktischen Trennung von Haushalt und Wirtschaft folgte also ein normatives Über- und Unterordnungsverhältnis, das einerseits den »Wert« von Arbeit bestimmt und andererseits diese Wertzuschreibung mit einer geschlechtlichen Diskriminierung verknüpft. Die Vorstellung, dass Frauen für das Sorgen und Umsorgen von Menschen, für solche »Akte aus Liebe«, besser geeignet seien als Männer und dass diese Arbeit, eben weil sie »aus Liebe« erfolge, nicht wirtschaftlich bewertet werden solle, hält sich bis heute hartnäckig und kann von feministischen Bewegungen nur unter großer Anstrengung Stück für Stück abgetragen werden.

In der Lebensrealität von Frauen wiegt dieses Über- und Unterordnungsverhältnis, das wir auch als eine patriarchale Ordnung von Arbeit beschreiben können, bis heute schwer bis existenziell bedrohlich. Die unterschiedlichen Gender-Gaps bringen den Einfluss deutlich zum Ausdruck: Angefangen bei der nach wie vor bestehenden Lohnlücke von rund zwanzig Prozent zwischen den Geschlechtern *(Gender Pay Gap)* über die Lebenseinkommenslücke, die Frauen mit der Geburt des ersten Kindes meilenweit hinter das Lebenseinkommen von Männern zurückwirft *(Gender Lifetime Earning Gap)*, bis hin zur Sorgearbeitslücke *(Gender Care Gap)* – Frauen bleiben in der patriarchalen Ordnung wirtschaftlich auf der Strecke. Auch das heutige Nebeneinander von Erwerbs- und Care-Arbeit hat den wenigsten Frauen eine Absicherung beschert, die mit den Standards von Männern vergleichbar ist. Die Geringschätzung von *lebensgebenden* und *lebenserhaltenden* Leistungen zeigt sich für viele Frauen im Rentenalter: In Deutschland erhalten sie durchschnittlich 46 Prozent weniger Rente als Männer, in der Schweiz 37 Prozent (2020)[10] und in Österreich beträgt die Lücke zwischen Männern und Frauen 42 Prozent (2019) – zulasten der Frauen, versteht sich.[11] Damit ist Deutschland im Vergleich zu allen anderen OECD-Ländern Spitzenreiter bei einer weiteren geschlechtsspezifischen Lücke, dem *Gender Pension Gap*. Im Jahr 2021 ist laut Statistischem Bundesamt jede fünfte Frau im Rentenalter armutsgefährdet,[12] Tendenz steigend, wie eine Studie der Bertelsmann Stiftung zeigt.[13]

Die Gender-Gaps – oder besser: Gender-Gräben –, die sich hier auftun, verdeutlichen, dass die kapitalistische Marktökonomie nicht nur auf der *Ausbeutung* menschlicher und sozialer Ressourcen fußt, sondern gleichzeitig die entstehenden Folgekosten dieser Ausbeutungsverhältnisse *externalisiert*, also auslagert. Die Pfandflaschen sammelnde Rentnerin, die in Armut lebende alleinerziehende Mutter oder die geschiedene Ehefrau, die nach 25 Jahren Care-Arbeit vor einem gütergetrennten Nichts steht, muss sich auf ein Netz sozialer Transferleistungen und gesellschaftlicher Wohltätigkeiten verlassen. Folgen, für die die Wirtschaft, die von »kostenloser Arbeit aus Liebe« profitiert, nicht aufkommt. Stattdessen haben die »Tafeln« Hochkonjunktur.

Wem gehört die Luft?

Das, was wir heute unter Wirtschaft verstehen, unterliegt also einem »grundlegende[n] Konstruktionsfehler«,[14] der mit der Zweiteilung von Arbeit in produktive und reproduktive Tätigkeiten beginnt. Die damit etablierte Hierarchisierung und Entwertung führen, wie wir gesehen haben, zu Ausbeutung fürsorgender Ressourcen und einer Auslagerung von Kosten. Die Spannungen und Konflikte, die hieraus resultieren, bleiben allerdings nicht auf Aspekte der Geschlechtergerechtigkeit begrenzt, wie die inzwischen lebhaft geführten Debatten um mehr Care- und Gendergerechtigkeit vermuten lassen könnten. Vielmehr können wir davon ausgehen, dass sich dieser Konstruktionsfehler auch in zahlreichen anderen Krisen spiegelt, die wir derzeit erleben, allen voran in der prominentesten, weil bedrohlichsten Krise: dem menschengemachten Klimawandel.

Die Systematik aus Hierarchisierung, Ausbeutung und Externalisierung lässt sich auch hier beobachten.

Denn mit Entstehung der Nationalökonomien wurden nicht nur sorgende Tätigkeiten vom Ökonomischen abgetrennt und ausgegrenzt, sondern auch die Produktivität der ökologischen Natur. Sämtliche natürliche Ressourcen von Bodenschätzen über Luft, Wasser, Pflanzen und Tiere werden für die wachstumsorientierte ökonomische Produktion nutzbar gemacht und ausgebeutet. Die entstehenden Kosten in Form von Umweltschäden, Artensterben oder der Überreizung des Ökosystems, weil Regenerationszeiten der Natur nicht eingehalten werden, tauchen in Preiskalkulationen allerdings nicht auf und werden auch hier – ähnlich wie der Preis der Altersarmut von Frauen – als gesellschaftliche Kosten ausgelagert.

Das *True Cost Accounting*, also die Bilanzierung der wahren Kosten von Konsum- und Verbrauchsprodukten, versucht dem entgegenzuwirken. Das TCA ist zwar inzwischen ein angesehener Forschungszweig und erfährt auch öffentlich vermehrt und gezielt Aufmerksamkeit, wie etwa durch eine Kampagne des Lebensmitteldiscounters Penny, die im Jahr 2023 angestoßen wurde. Der Discounter wies für eine Woche auf ausgewählten Produkten neben dem Ladenpreis auch den »wahren« Preis des Produkts aus. Und dennoch bleiben wir skeptisch. Die Erfolgsaussichten, dass wir eines Tages die wahren Kosten für Produkte im Supermarkt zahlen, bleiben gering, solange wir uns nicht von einem überzogenen und eindimensionalen Wachstumsdogma losreißen.

Wachstum zu begrenzen, zu reduzieren oder anders zu denken, ist für weite Teile der Gesellschaft im höchsten Maße angsteinflößend und für politische Parteien kein Stimmenfänger. Das ist auch wenig überraschend, schließlich war die Idee des (Wirtschafts-)Wachstums seit Adam Smith und mit Entstehung der Nationalökonomien aufs Engste mit dem Versprechen von Wohlstand verknüpft. Ein Infragestellen von Wachstum ist damit immer ein Infragestellen unseres heutigen Wohlstands. Was in dieser Gleichung zu kurz kommt, ist allerdings die Frage nach dem Wohlstand selbst: Welchen Wohlstand meinen wir eigentlich?

Der Wohlstand, der durch Wirtschaftswachstum entsteht, ermöglicht dem Individuum heute vor allem mehr Freiheit zu konsumieren. »Wohlstand wird umgemünzt in Kaufkraft«, schreibt der britische Wirtschaftswissenschaftler Tim Jackson in einer wachstumskritischen Auseinandersetzung mit unserem Wohlstandsverständnis.[15] Sicher, es ist nicht zu leugnen, dass das vorherrschende Wirtschaftsmodell und damit auch sein Wachstumsprinzip gesellschaftlichen Wohlstand und ein sicheres Leben für viele Menschen hervorgebracht haben. Dennoch scheinen wir das Maß verloren zu haben, scheinen wir als Gesellschaft an einer Stelle falsch abgebogen zu sein, wie ein Blick auf Zahlen zeigt. Laut Statistischem Bundesamt besitzt ein durchschnittlicher Haushalt in Deutschland rund 10000 Gegenstände – in den USA sind es sogar dreimal so viele. Vor hundert Jahren kam ein Haushalt mit 180 Gegenständen aus. Jeder Deutsche kauft etwa sechzig neue Kleidungsstücke pro Jahr und trägt diese halb so lange wie noch vor fünfzehn Jahren. Im Jahr 2017 wurden siebzig Prozent der Gebrauchs- und Alltagsgegenstände, die wir gekauft haben, in China produziert. Gleichzeitig geht – allen Sharing-Angeboten zum Trotz – die gemeinschaftliche Nutzung von Gütern zurück. Die Fast-Fashion-Branche hat es geschafft, uns mindestens zwei weitere Jahreszeiten einzureden (und entsprechend mehr Schlussverkäufe). Wir kaufen unaufhörlich Dinge, die wir nicht brauchen und oft auch gar nicht wollen, sondern nur glauben zu wollen. Dinge, die viel zu schnell kaputtgehen oder die, wer hätte es gedacht, plötzlich »out« sind. Früher hieß es noch »aus der Mode kommen«, doch die Produktzyklen sind im globalisierten Turbokapitalismus so kurzweilig, dass die Vorstellung einer Mode, die sich langsam aufbäumt und dann zum Sinnbild einer ganzen Zeitspanne wird, komplett überholt scheint.

Wir alle sind längst Teil der Auslagerung von Kosten, wir sind längst die »Externalisierungsgesellschaft«, die der Soziologe Stephan Lessenich in seinem Buch *Neben uns die Sintflut*[16] so bildhaft beschreibt.

Wie kommen wir da wieder raus? Die Ökonomin Adelheid Biesecker sieht die Lösung in einer neuen Erzählung vom Kapitalismus: »Wohlstand für alle durch Wachstum« soll ersetzt werden durch die Maxime »Heute so leben und wirtschaften, dass auch in Zukunft ein gutes Leben möglich ist«.[17] Das Projekt, das uns als Gesellschaft damit bevorsteht, ist die Neudefinition dessen, was wir als »das gute Leben« betrachten und anerkennen. Auch hier geben uns die feministischen Ökonominnen wertvolle Hinweise, wenn sie dafür plädieren, Gesellschaft als eine fürsorgende zu denken und zu gestalten, in der »sowohl die Beziehungen zwischen den Menschen als auch der Umgang mit der Natur (vor)sorgend« ist.[18] Anders formuliert: Wir müssen den grundsätzlichen Konstruktionsfehler der Marktökonomie – die Ausbeutung von menschlichen und natürlichen Ressourcen bei gleichzeitiger Kostenexternalisierung – überwinden, um als Gesellschaft zukunftsfähig zu sein.

Von Bankern und Müllmännern

In der Gegenwart einer BIP-verliebten und gleichsam Fürsorge-ignoranten modernen Marktökonomie heißt Externalisierung von Kosten allerdings nicht nur, dass Kosten, die der Markt durch das maßlose und sorglose Zurückgreifen auf menschliche – vor allem weibliche – Ressourcen erzeugt, auf die Gemeinschaft abgewälzt werden. Es sind auch die Kosten einer emotional-moralischen Leere der Gesellschaft, die durch den Glauben entsteht, dass »die Ergebnisse des Marktes den wahren gesellschaftlichen Wert dessen wiedergeben, was die Menschen zum Gemeinwohl beitragen«.[19] Was der politische Philosoph Michael J. Sandel in seinem Buch *Vom Ende des Gemeinwohls* beschreibt, ist eine Verwechslung, die vor allem die neoliberale Ideologie erfolgreich verbreitet hat. Sie besteht darin, dass wir den wirtschaftlichen Erfolg eines Einzelnen mit dessen Beitrag zum Gemeinwohl gleichsetzen. Sandel erläutert: »Marktgetriebene Gesellschaften sind ständig in Versuchung, materiellen Erfolg als Zeichen moralischer Verdienste zu deuten.« Wer (materiell) viel hat und wirtschaftlich erfolgreich ist, hat es »verdient«, es steht ihm oder ihr zu. Daten zeigen Gegenteiliges.

Dem Zusammenhang zwischen wirtschaftlichem Erfolg und Gemeinwohlbeitrag ist die britische Denkfabrik »the new economic foundation« (nef) in einer Studie[20] auf den Grund gegangen. Die Expert:innen untersuchten das Verhältnis zwischen dem Einkommen von sechs verschiedenen Berufsklassen und den Auswirkungen dieser Berufe auf das Gemeinwohl. Sie konnten zeigen, dass die in der Studie berücksichtigten Berufe mit einem besonders hohen Einkommen auch einen besonders hohen Gemeinwohlschaden anrichten. So vernichtet beispielsweise ein britischer Investmentbanker mit jedem Euro, den er verdient, acht Euro – ein Ergebnis, das vor allem durch die globale Finanzkrise und die staatlichen Rettungsaktionen zustande kommt. Top-Manager:innen in der Werbebranche leisten einen negativen Beitrag im Verhältnis 1 zu -13, d.h. jeder verdiente Euro richtet aufgrund von Folgeschäden, die durch Werbung bei den Konsument:innen entstehen, wie etwa Stress, Überkonsum, Umweltverschmutzung und möglicherweise Verschuldung, einen Gemeinwohlschaden von 13 Euro an.

Einen tatsächlich positiven Beitrag zum Gemeinwohl leisten hingegen Müllmänner und -frauen und das Reinigungspersonal in Krankenhäusern. Jeder Euro, der einem Müllmann als Gehalt gezahlt wird, spendet für die Gesellschaft einen Nutzen im Wert von 14 Euro, da seine Tätigkeit zu Nachhaltigkeit, Gesundheit und Sauberkeit beiträgt. Ähnlich verhält es sich mit dem Reinigungspersonal im Krankenhaus, das weitere Infektionen bei Patient:innen verhindert und damit zu deren Genesung beiträgt.

Was die Zahlen der Studie deutlich machen, wird durch die Daten des GemeinwohlAtlas gestützt, eine repräsentative Befragung zum Gemeinwohlbeitrag von Unternehmen und Organisationen.[21] Es ist die Beschreibung einer moralischen Paradoxie: Das, was auf dem Markt mit hohen Gehältern belohnt wird und gesellschaftlich häufig Ansehen und Anerkennung erzeugt, sind Tätigkeiten, die zumindest potenziell dem Wohle aller schaden. Der Mechanismus ist selbstzerstörerisch, denn er muss auf Dauer zwangsläufig das aushöhlen, was eine Gemeinschaft zusammenhält, und das befeuern, was sie zerstört: Neid, Gier und Habsucht.

Wie kann es sein, dass wir diese Verschiebung bis hin zur Verwechslung, wie es Sandel beschreibt, in Kauf nehmen? Die Ursache findet sich in der Logik des Marktes selbst. Mit dem Verbannen alles Fürsorgenden ins Private und der daraus folgenden Trivialisierung verliert der Markt auch die Idee und die Verpflichtung, dem Erhalt von Gemeinschaft und Leben zu dienen. An die Stelle der gegenseitigen Fürsorge, oder des *Gemeinwohls*, rückt in der kapitalistisch organisierten und vor allem neoliberalen Marktwirtschaft das Prinzip des Wettbewerbs und damit zwangsläufig auch eine starke Ausrichtung an Leistung, Leistungswillen und Leistungsfähigkeit.

Problematisch ist dabei nicht, dass wir Leistung einen hohen Stellenwert zuschreiben. Problematisch ist vielmehr das Verständnis von Leistung, das wir gewissermaßen stillschweigend gesellschaftlich etabliert haben. Denn was Leistung ist und welche Leistung »viel wert« ist, entscheidet heute ausschließlich der Markt. Die Frage, inwiefern eine Leistung dem Gemeinwohl schadet oder dient, wird auf einem kapitalistisch organisierten Arbeitsmarkt nicht mehr gestellt. Relevant ist die Leistung, die dem Unternehmen viel Profit bringt, und nicht die, die der Gesellschaft dient. Die Marktlogik überschattet das Gemeinwohl. Im Ergebnis entsteht der Eindruck, Bankangestellte leisteten mehr als Pflegekräfte.

Für Leistung gilt damit, was äquivalent für Produkte auf dem Markt zählt: Was hohe Preise erzielt, muss viel wert sein. Das Problem mit unserem Verständnis von Leistung ist also, dass es als »Geburt des Marktes« dem Leitbild des Wettkampfes folgt und wir die Vorstellung von Leistung nicht mehr an die Frage koppeln: Welchen Beitrag hat der Mensch für die Gesellschaft ge*leistet*?

Die neoliberale »Entfesselung« der Märkte hat die Vorstellung von Gesellschaft als andauerndem Konkurrenzkampf und die Überbetonung von Leistung noch mal verstärkt. Viele Beobachter:innen sehen hierin eine Ursache für die um sich greifende gesellschaftliche Spaltung, für den Unmut »gegen die da oben«. Dementsprechend kann sie als Nährboden für den in der westlichen Welt erstarkenden Rechtspopulismus betrachtet werden.

Mit der neoliberalen Karriere des Leistungsgedankens in den vergangenen dreißig bis vierzig Jahren ging das »Jeder kann es schaffen«-Versprechen einher. Das laute Gerede vom Aufstieg sollte motivieren und inspirieren, Ungleichheit qua Leistung zu überwinden. Die Erzählung ist verführerisch, denn sie beschreibt im Kern eine Selbstermächtigung: Wenn du nur genug leistest, wenn du dich anstrengst, dann wirst du mit Erfolg belohnt. In der sogenannten Meritokratie, also der Vorstellung, dass wir uns alles durch Leistung verdienen können, stellt sich Erfolg ein, wenn wir uns nur genug angestrengt haben. Erfolg ist damit immer ein Ausdruck von Tugendhaftigkeit und so ein persönliches Verdienst individueller Leistung: »Das habe ich mir verdient. Das steht mir zu« sind Leitsätze der meritokratischen Ethik.

Doch die Erzählung von der Leistungs- und Aufstiegsgesellschaft verheimlicht, was allzu oft der Ursprung von Erfolg ist: Glück, Zufall, Talent, die richtigen Beziehungen und die Zugehörigkeit zu einer bestimmten Gruppe. Kurzum: Bedingungen, die auch trotz aller Anstrengung niemand beherrschen kann und die gerade deshalb bis heute das Monopol religiöser oder spiritueller Vorherbestimmung sind.

Hierin wohnt der toxische Kern der Leistungsideologie. Wenn wir glauben, Erfolg sei der Ausdruck des eigenen Leistungsvermögens und Leistungswillens, wenn Erfolg individualisiert und privatisiert wird, dann muss im Umkehrschluss für Misserfolg das Gleiche gelten. Das Scheitern der anderen ist deren Fehler, deren eigenes Unvermögen. Ungleichheit, die die meritokratische Ethik über den Anreiz zur Leistung beseitigen wollte, wird damit noch verstärkt. Mehr noch: Sie wird emotional und narrativ überhöht, weil die wetteifernde Leistungsgesellschaft nur noch »Gewinner:innen« und »Verlierer:innen«, »Held:innen« und »Versager:innen« kennt. Das »führt bei den Gewinnern zu Überheblichkeit, bei den Verlierern zu Demütigung«, schlussfolgert Michael J. Sandel.[22]

Digitale Technologien haben ihr Übriges getan, um diese Dynamik zu befeuern, denn mit der Digitalisierung ist die kapitalistische Leistungsideologie auch noch in die letzte Ritze unseres privaten Seins vorgedrungen: Schritte messen, Kalorien zählen, Tiefschlafphasen ermitteln. Der Mensch ist vermessen und immer im Wettbewerb mit sich selbst und anderen – nach dem Messen kommt der Vergleich. Das *Quantified Self*, also die digitale Dauerüberwachung unserer Körperfunktionen, liefert die Datenbasis für die Optimierung der individuellen Leistung. Erfolg wird – so scheint es – noch kalkulierbarer, noch messbarer und unbedingt planbarer.

All das, so beschreibt es der Philosoph Sandel, ist die Ursache für eine stetige Aushöhlung des Gemeinwohls: »Denn je mehr wir uns für eigenverantwortlich und autark halten, desto unwahrscheinlicher ist es, dass wir uns um das Schicksal derer kümmern, die weniger begünstigt sind.«[23] Die Leistungsgesellschaft ist eine zerrissene Gesellschaft, in der Wertschätzung, Respekt und die gegenseitige Sorge um die Gemeinschaft einer Arroganz des Erfolgs auf der einen Seite und dem Verlust von Würde auf der anderen Seite gegenüberstehen. Was der Leistungsgesellschaft fehlt, ist der sozial-emotionale Kitt einer fürsorgenden Ethik. Die Leistungsgesellschaft ist eine *fürsorgearme* Gesellschaft, weil sie eine Wirtschaftspolitik und -praxis etabliert hat, »die Rücksichtslosigkeit [also einen Mangel an Fürsorge] förder[t] oder sogar zur Notwendigkeit mach[t]«, erläutert die US-amerikanische Soziologin und Kulturhistorikerin Riane Eisler.[24]

Fürsorge als Prinzip und ein »Ethos der Sorge«, wie es die Journalistin Ann-Kristin Tlusty[25] nennt, könnte auf die »radikale Wettbewerbsgesellschaft«[26] eine zähmende Wirkung haben. Denn dort, wo man sich umeinander sorgt, haben der Konkurrenzkampf, das Gegeneinander und die ständige Herstellung einer Über- und Unterordnung wenig Platz. In einer fürsorgenden Wirtschaft und Gesellschaft weicht die patriarchale Ordnung einer partnerschaftlichen. Riane Eisler entwirft die konkrete Vision einer partnerschaftlichen Ordnung und Kultur als Transformationsziel, um die westlichen, dominanzgeprägten Gesellschaften überhaupt zukunftstauglich zu machen.[27]

Dieser Wandel zu einer partnerschaftlichen Kultur und Ordnung kann allerdings nur gelingen, wenn wir uns vom Erbe der Industrialisierung befreien und emanzipieren. Fürsorge und alle damit in Verbindung stehenden Fähigkeiten wie Feinfühligkeit, Empfindsamkeit oder Empathie dürfen nicht länger als »weibliche« Eigenschaften abgetan, normativ entwertet und strukturell ins Private verbannt werden. Wir müssen erkennen, dass sie ein integraler und unverzichtbarer Bestandteil *allen* menschlichen Seins sind. Fürsorge ist beides, Fähigkeit und Bedürfnis, und als solches steht sie allen Menschen unabhängig vom Geschlecht das gesamte Leben zur Verfügung und möchte gelebt werden.

Der Markt wird es nicht lösen

Um die Entstehung der Marktökonomie und die folgenreiche Trennung von Erwerbs- und Care-Arbeit, von produktiver und »reproduktiver« Sphäre zu beschreiben, findet die Ökonomin Adelheid Biesecker das Bild der Zwillingsgeburt. Sichtbar ist bis heute nur der eine, der »männliche« Zwilling; der zweite Zwilling, die Versorgungs- und Care-Ökonomie, bleibt weitestgehend ungesehen. Nur wenn wir das Zwillingspaar als Ganzes wieder in den Blick nehmen, so die Ökonomin, sind wir auch in der Lage, die vielfachen Krisen und Krisenphänomene der Gegenwart nicht länger falsch zu verstehen »als Unglücksfälle, als Ausdruck von Fehlern«, sondern als das, was sie sind: als »systemische Krisen«. In der Betrachtung des *Ganzen* der Ökonomie liegt der Schlüssel für eine zukunftsfähige und gerechte Gesellschaft.

Doch was bedeutet eine Sichtbarmachung und Aufwertung von Care, des »Care-Zwillings«, konkret? Eine Falle, in die wir derzeit häufig tappen, ist die Verwechslung von normativer mit monetärer Aufwertung. Die Verwechslung ist Ausdruck dafür, wie sehr wir das marktkonforme Denken schon verinnerlicht haben. Denn eine Aufwertung von Care kann nicht darin bestehen, dass wir Fürsorge der kapitalistischen Bezahllogik unterwerfen. Durch die teuflische Mischung aus Digitalisierung und Globalisierung ist nichts mehr davor gefeit, ein »Business« zu werden – auch Fürsorgearbeit nicht, die zunehmend zum Konsumgut wird: Putzfrau und Babysitter per App, Lebensmittel und Mahlzeiten innerhalb von Minuten an die Haustür geliefert. Die Kosten für unseren Fürsorgekonsum zahlen dabei andere: die von Plastikmüll überschwemmten Weltmeere ebenso wie migrantische Mitmenschen, die uns abseits von jeder Lohn- und sozialen Sicherung das Leben »er-leichtern«. Ausbeutung und Asymmetrie setzen sich fort, wenn an die Stelle der »weißen Hausfrau« die polnische, kenianische oder vietnamesische Pflege- oder Haushaltskraft rückt, die nicht selten ihre eigene Familie zurücklässt, damit privilegierte Frauen im Westen im patriarchal geprägten Erwerbssystem Fuß fassen können und dort »Karriere machen«. Schon heute ist sichtbar, dass dieser *Care Drain* ein »globales Sorgearbeit-Wander-Prekariat« erzeugt, wie es Franziska Schutzbach treffend beschreibt.[28]

Kurzum: Der Markt wird es *nicht* lösen. Wenn wir Probleme, die die Zweiteilung der Ökonomie erzeugt, mit der Logik der Zweiteilung lösen wollen, dann bleibt nur das: eine Stabilisierung bis hin zu einer globalen Zuspitzung des Problems.

In der Perspektive der »wiedervereinten Zwillinge« wird Care, die Sorge füreinander, zum *normativen* Ausgangspunkt für die Gestaltung der Welt. Wertschöpfung und Fürsorge stehen sich hier nicht mehr getrennt und hierarchisch gegenüber, sondern bilden eine gleichberechtigte Einheit: In diesem Buch räumen wir auf mit dem Missverständnis, Wertschöpfung sei ein Hoheitsgebiet des Marktes. Sie findet allein deshalb immer auch schon in der privaten Sphäre statt, weil sie jede Markttätigkeit erst ermöglicht. Die Vorstellung, der Mensch sei auf dem Markt eine »Ressource«, hat sich längst – erstaunlich unkritisch – durchgesetzt. Umso mehr muss es überraschen, dass das Bild der Ressource nicht konsequent zu Ende gedacht wird. Ressourcen fallen nicht vom Himmel. Sie sind entstanden und benötigen Pflege, um aufrechterhalten zu werden. Genau das findet vor allem im privaten und gesellschaftlichen Raum statt.

Mit der Wiedervereinigung der Zwillinge kann die Fürsorge, die bislang ins Private verbannt wurde, auch in der Sphäre des Marktes als *Norm* und nicht nur als marktförmig verwertbares Produkt oder Dienstleistung ankommen. So kann die Entstehung einer *fürsorgenden Wirtschaft* gelingen.

In einer solchen fürsorgenden Wirtschaft steht die Frage »Was ist gut für den Menschen und das Leben?« am Anfang allen Handelns. Eine fürsorgende Wirtschaft versucht nicht, egoistische Ziele mithilfe eines Wachstums- und Leistungsnarrativs zu verschleiern, das in seiner Zuspitzung die Menschen in einen ständigen Angst- und Kampfzustand versetzt.

Sicher ist: Der Wandel hin zu einer fürsorgenden Wirtschaft ist ein aufklärerisches Projekt, denn er ruft uns alle dazu auf, kritisch zu hinterfragen, wie viel »schlechtes Leben« eine wachstumsfixierte Wirtschaft produziert und wie wir uns davon emanzipieren können. Er ruft uns auch dazu auf, Antworten auf die Fragen zu geben, welchen Wert wir jeder *anderen* Arbeit jenseits der Erwerbsarbeit zuschreiben und wie wir Tätigkeiten, die uns in Kontakt bringen mit Mensch und Welt, mehr Bedeutung und Raum geben können. Am Ende eines solchen aufklärerischen Projekts steht eine Vorstellung von Wohlstand und eine Idee vom »guten Leben«, das dem »Sein« wieder mehr Bedeutung beimisst und die Lebensdienlichkeit[29] von Care anerkennt.

Wir sind überzeugt, dass den Menschen eine Sehnsucht nach Fürsorge begleitet, eine Sehnsucht danach, miteinander im Kontakt zu sein, Leben zu erhalten, anstatt es zu zerstören, und Gemeinschaft gemeinsam zu gestalten. Wir wollen in diesem Buch zeigen, dass es Unternehmen gibt, die diese Sehnsucht ernst nehmen und es als Teil der eigenen wirtschaftlichen Verantwortung sehen, eine andere Art von Wirtschaft und Arbeit, eine *fürsorgende*, in die Welt zu bringen – allen Widerständen zum Trotz.

Kapitel 2

Caring Companies – die Zukunft der Arbeit neu gestalten

»Weiter so!« ist keine Option

Teil 1 hat gezeigt, dass die Art und Weise, wie wir heute erwerbsarbeiten und wirtschaften, zu einem Mangel an Fürsorge in unserer Gesellschaft führt. Ein System, das auf Externalisierung von Kosten und Maximierung von Privateigentum beruht, hat zur Folge, dass gesellschaftlicher Zusammenhalt und die Orientierung am Gemeinwohl in den Hintergrund rücken. Eine Wirtschaft, die Fürsorge nicht zu einem handlungsleitenden Prinzip macht, trägt eine Mitverantwortung für die Krisen und krisenhaften Phänomene, die wir gegenwärtig verdichtet erleben.

Und wenn wir zu dem Schluss kommen, dass der Markt es nicht lösen wird, dann ist damit insbesondere gemeint, dass Marktlogiken nicht die Grundlage einer fürsorgenden Wirtschaftsordnung sein können, denn sie widersprechen der Logik von Fürsorge. Im »entfesselten« Markt geht es um Effizienz- und Produktivitätssteigerung, um Kostensenkung und Zeitverdichtung. Fürsorge lässt sich diesen Prinzipien nicht oder nur bedingt unterwerfen; und falls doch, dann nur zum Preis der Ausbeutung und Enthumanisierung. Ist es wirklich erstrebenswert, im Alter von einem Roboter gepflegt zu werden?

Wenn wir die patriarchale Ordnung von Wirtschaft und Arbeit überwinden und das Prinzip der Fürsorge ins Zentrum stellen wollen, kann das nur gelingen, wenn wir das System *als Ganzes*, gewissermaßen das Betriebssystem, hinterfragen.

Es gibt bereits Anstrengungen und Impulse, die als Versuche gewertet werden können, die fürsorgende Verantwortung von Wirtschaft gegenüber der Gesellschaft zu stärken. Wir rufen hier allerdings zu Vorsicht auf: Allzu oft kommen Maßnahmen lediglich in einem »fürsorgenden Gewand« daher. Entscheidend ist die Frage, ob sie tatsächlich dazu dienen, der Fürsorge für Mensch, Gesellschaft und Welt mehr Bedeutung und mehr Raum zu geben, oder ob es sich nur um Instrumente handelt, die im Kern der (Selbst-)Optimierung und Steigerungslogik des Kapitalismus dienen.

Das Problem mit der Vereinbarkeit

Anhand der Vereinbarkeitsdebatte lässt sich gut aufzeigen, dass die Optimierung *im* System keine zufriedenstellenden Lösungen hervorbringt. Politische und betriebliche Vereinbarkeitsinstrumente sind mit dem Ziel angetreten, das Nebeneinander von Familie und Beruf zu ermöglichen. Für Frauen, die nun beides haben können, Kind und Karriere; für Unternehmen, die nun Zugang zu weiteren (Arbeits-)Kräften haben; für die Gesellschaft, weil Gleichberechtigung realistischer wird, wenn Mütter ebenfalls Zugang zum Arbeitsmarkt haben. Win-win-win! Wirklich?

Das Problem mit der Vereinbarkeit ist das Vereinbaren selbst. Schon der Begriff lässt auf ein systematisches Defizit schließen: Vereinbaren muss man, was nicht zueinanderpasst. Vereinbarkeit versucht, eine Klammer um den Widerspruch zu setzen: »Karriere trotz Kinder«, »Führung trotz Familie«, »Elternzeit trotz Erwerbsarbeit«. Anders formuliert: Die gebärende Mutter, der sorgende Vater, die pflegenden Kinder passen nicht in das System von *Arbeit*, in dem nur die Erwerbsarbeit als produktiv angesehen wird. Die Antwort auf dieses Spannungsfeld haben wir weiter oben beschrieben: ein stetig wachsendes Dienstleistungsangebot, stetig steigender Fürsorgekonsum und eine Fortschreibung kapitalistischer Ausbeutungsverhältnisse. Die Geringschätzung von Care wird letztlich aufrechterhalten. Zugespitzt: Care ist es nicht wert, die Erwerbsarbeit zu unterbrechen.

Die (Folge-)Kosten für die Fürsorgedienstleistungen tragen die lobbylosen gesellschaftlichen Schichten. Wo bleibt der Aufschrei, wenn Philippinerinnen ihre eigenen Familien zurücklassen, um hierzulande 24/7-Pflege zu Hause anzubieten? Wie kann es sein, dass in Berlin Hunderte Inder auf Fahrrädern Essen an deutsche Haustüren liefern, ohne Arbeitnehmer:innenschutz, ohne ausreichende Unfallversicherung? Warum ist es gesellschaftlich akzeptiert, dass systemrelevante Jobs im Niedriglohnbereich besonders häufig von Migrant:innen ausgeübt werden, ohne einen erkennbaren

Willen, sie vollständig in unsere Gesellschaft zu integrieren? Die Globalisierung von Betreuungs- und Care-Aufgaben, die sogenannte *Global Care Chain*, setzt das kapitalistische Prinzip der Über- und Unterordnung fort und produziert ein Care-Prekariat in westlichen Ländern sowie einen Mangel an Sorgekapazitäten in den ärmeren Ursprungsländern *(Care Drain)*. Vereinbarkeit, das Gleichberechtigungsinstrument, läuft in die Falle der Ausbeutung: Damit sich ein kleiner Teil weißer elitärer Frauen von der Last der Sorgetätigkeit befreien und im Wettbewerb mit Männern die Karriereleiter erklimmen kann, werden weniger privilegierte Frauen, meist mit Migrationshintergrund, ausgebeutet. Diese »Reaktualisierung kolonialer Verhältnisse«[1] ist auch eine Aussage darüber, welchen Wert wir Care als Gesellschaft zuschreiben.

Ein zentraler Hebel verschiedener Vereinbarkeitsmaßnahmen ist die Flexibilisierung von Erwerbsarbeitszeit. Was in den Ohren der meisten Eltern sinnvoll klingt und Erleichterung verspricht, birgt neue Erschöpfungsrisiken. Denn mit der Flexibilisierung wird auch die zeitliche und räumliche Trennung der beiden Sphären Erwerb und Care aufgehoben. Diese Trennung ist wichtig, solange die eine Sphäre (Erwerb) über die andere (Care) dominiert. Solange wir geneigt sind, uns bis zur Erschöpfung für unseren Job ins Zeug zu legen, braucht es eine klare Trennung. Eltern im Homeoffice mit flexiblen Arbeitszeiten machen nebenher alles andere auch noch: waschen, putzen, Schulaufgaben begleiten, Arzttermine organisieren, Geburtstage vorbereiten …

Mit der Flexibilisierung nimmt der Job an unserem Küchentisch Platz. Eltern berichten davon, dass sie sich immer schuldig fühlen im ständigen Spagat zwischen den Bedürfnissen des Kindes einerseits und den noch zu erledigenden Aufgaben für den Job andererseits, und wie sie kämpfen und sich anstrengen, das eine mit dem anderen unter einen Hut zu bringen: Der Laptop wird dann mit auf den Spielplatz genommen oder das Kind vor den Fernseher gesetzt, damit das Meeting stattfinden kann. »Elternsein bedeutet radikale Pausenlosigkeit«, schreibt die Geschlechterforscherin und Soziologin Franziska Schutzbach.[2] Vereinbarkeit verschleiert diese Pausenlosigkeit und gaukelt uns vor, Elternschaft könne unterbrochen werden. Doch durch die permanente Gleichzeitigkeit entsteht ein ständiger Entscheidungs- und Handlungsdruck *(Mental Load)*, Zeit wird immer dichter, Erholung immer unwahrscheinlicher. So schön sich Vereinbarkeit in der Theorie anhört, so zermürbend kann die Praxis sein. Zugespitzt ließe sich formulieren, dass Flexibilisierungsmaßnahmen die Gefahr bergen, dass die Unvereinbarkeit von Erwerbs- und Care-Arbeit vom Büro in die privaten Räume verlagert und damit »unsichtbar« gemacht wird: Erschöpfung, Überforderung und Mental Load lassen sich zu Hause und im Videocall besser verbergen als am Arbeitsplatz.

Das Versprechen und die Sehnsucht nach »Vereinbarkeit« belasten vor allem Frauen. Heute reicht es nicht mehr aus, »nur« Mutter zu sein. Kinder kriegen und Mutterschaft sind in den vergangenen Jahren derart intellektualisiert, kommerzialisiert und durch soziale Medien in ein bildsprachliches Ideal übersetzt worden, dass Mütter die Codes genau kennen, die sie erfüllen müssen, um eine vermeintlich »gute Mutter« zu sein. Um im Wettbewerb bestehen zu können, muss jede »mom« auch »*working* mom« sein. Ein weiteres Label der Leistungsgesellschaft, das noch mal klarstellt: Windeln wechseln ist keine Arbeit! Die Journalistin Ann-Kristin Tlusty kritisiert: »Wer working moms als emanzipatorischen Fortschritt hochhält, verleugnet zugleich, dass Mutterschaft ohnehin schon Arbeit ist.«[3] Auch Franziska Schutzbach beobachtet in der Modernisierung von Mutterschaft ein gefährliches Versprechen an Frauen, das lautet: »Du kannst auch als Frau alles erreichen, wenn du dich nur anstrengst.« Gefährlich deshalb, weil es die mit Mutter- und Elternschaft verbundenen Körperprozesse ausblendet und den Frauen eine Leistungsfähigkeit, Unabhängigkeit und ein Freiheitsversprechen vorgaukelt, das bereits qua Natur anzuzweifeln ist. Dies gilt für viele Frauen erneut während der Menopause.

Wenig überraschend, dass mit dem Aufstieg eines Erfolgsethos, das die Grenzen der Natur leugnet, auch das Phänomen »Regretting Motherhood« vermehrt auftritt. Die erstmals von der israelischen Soziologin Orna Donath ins Spiel gebrachte Beobachtung, die sie auf Basis einer Studie im Jahr 2015 machte, ist auch in Deutschland weit verbreitet. Einer weiteren Studie zufolge, für die 1200 Mütter und Väter befragt wurden, bereuen auch hier zwanzig Prozent, Eltern geworden zu sein.[4] Ein relevanter Grund für die Reue, so stellt es die Studie fest, ist, dass Kinder die Eltern an ihrer persönlichen Entfaltung hinderten. Wer Kinder hat, ist immer zuständig. Mehr noch: »Die Zuständigkeit für Kinder macht auf eine Weise vulnerabel, wie man sie von anderen Arten der Arbeit nicht kennt.«[5] Die Frage bleibt: Erkennt Vereinbarkeit diese Vulnerabilität tatsächlich an? Oder geht es nicht vielmehr meist darum, diese Vulnerabilität zu übertünchen, um das Versprechen der ewigen Leistungsfähigkeit und -steigerung aufrechtzuerhalten?

Wir erleben seit Jahren und verstärkt durch die Pandemie zunehmend erschöpfte Eltern. Vereinbarkeit ist für all das weder ursächlich noch hauptverantwortlich. Sie zeigt uns lediglich die Grenzen der Optimierung im System auf. Ein gesundes, gleichberechtigtes Nebeneinander von Care und Erwerb ist nicht einmal dort wirklich möglich, wo wir auf den ersten Blick ein Win-win-win sehen.

Wir haben mit Menschen gesprochen und uns Unternehmen angeschaut, die diesen dem System innewohnenden Konstruktionsfehler erkannt haben und ganz neue Wege gehen. Dieses Buch setzt sich mit der konkreten Möglichkeit einer wirklich neuen Arbeitswelt und einer neuen Art des Wirtschaftens auseinander. Wir stellen sieben Unternehmen vor, die wir im Zeitraum von Januar bis März 2024 interviewt haben. Es sind Unternehmen, die Verantwortung für Mensch, Gesellschaft und Umwelt übernehmen. Wir nennen sie *Caring Companies*. Ihre Haltung und ihre Handlungen orientieren sich damit nicht an gesetzlichen Mindeststandards, nicht primär an betriebswirtschaftlichen

Kosten-Nutzen-Rechnungen und nicht an bunten Trends. Es geht um die Zukunftsfähigkeit von uns allen. Caring Companies gehen in ihrem Handeln von einer Gesellschaftsvision aus, die eben das wieder in den Mittelpunkt rückt, was uns als Menschen im Kern ausmacht: die Sorge füreinander.

1 Freiheit und Selbstbestimmung statt Zwang und Kontrolle

Sabbaticals, Workation, arbeiten in Co-Working-Spaces und zwar am liebsten nur noch maximal vier Tage pro Woche – mit dem Vordringen der Millennials auf den Arbeitsmarkt zog eine neue Sprache in die Unternehmen ein; mit der nachfolgenden »Gen Z« ein Kulturkampf: »Verwöhnt, faul, fordernd« sei die junge Generation. Nicht nur eine Erosion der Arbeitsmoral stehe uns bevor, sondern auch das Ende unseres hart erarbeiteten Wohlstands. So weit zur Aufgeregtheit in der öffentlichen Debatte, in der die Bedürfnisse »der Jungen« erschreckend hartnäckig gegen den Fleiß »der Alten« ausgespielt werden. Soziolog:innen zweifeln diese Generationenerzählung längst an. Martin Schröder etwa, Professor für Soziologie an der Universität des Saarlandes, untermauerte seine Skepsis empirisch. Er untersuchte einen Datensatz, der die Berufseinstellung von 580 000 Menschen aus 113 Ländern über dreißig Jahre hinweg erfasst. Das Ergebnis: Die Frage, wie ein Mensch zur Arbeitswelt steht, ist nicht abhängig vom Geburtsjahr. Relevant ist die Frage, in welcher

Lebensphase sich die Person befindet. Kurz gesagt: Die »faulen« Gen-Yler und Gen-Zler von heute sind die »fleißigen Boomer« von morgen.

Kämpfe zwischen den Generationen gab es schon immer, und es wird sie immer geben. Allerdings verändert sich das Leben seit einigen Jahren in einer nie dagewesenen Geschwindigkeit, und infolgedessen ist die Verständigung zwischen den Generationen derzeit herausfordernd. Hinter der laut geäußerten Empörung derer, die »unser Land aufgebaut« haben, lässt sich ein Schmerz erkennen, den viele teilen, aber manche nach einem erwerbsgeprägten Leben nicht mehr aussprechen oder eindeutig erspüren können. Die Forderungen der jüngeren Generationen bringen Themen auf wie Sinnhaftigkeit im Job, wissen und verstehen, worauf die Tätigkeit einzahlt, mit der man den Großteil des Tages verbringt, und eine Zeitgestaltung, die zu den Realitäten einer digitalen Allgegenwart passt. Sie hinterfragen jahrzehntealte Selbstverständlichkeiten und berühren damit tiefere Wahrheiten. Die Jungen sehen etwas, das die Alten nicht mehr sehen wollen, und Caring Companies haben erkannt, dass es endlich an der Zeit ist, diesen Kreislauf zu durchbrechen und dem Schmerz zuzuhören und ihn ernst zu nehmen.

In einer zunehmend digitalisierten Arbeitswelt geht Sinnhaftigkeit verloren, wenn Arbeit immer weiter zerteilt und zerlegt wird und so für die oder den Einzelne:n nicht mehr erfahrbar ist, was das große Ganze eigentlich ist. Da ist sie wieder, auch bei den Jungen: die Angst vor der Marx'schen Entfremdung und der Verlust von Zusammenhang.

Der Arbeitsforscher Hans Rusinek beschreibt in seinem aktuellen Buch *Work-Survive-Balance: Warum die Zukunft der Arbeit die Zukunft unserer Erde ist*, wie Wissensarbeitende nicht nur von ihrer Tätigkeit entfremdet sind, sondern auch auf einer ganz anderen Ebene: Die Rede ist von der »Entkörperung«. Egal, ob wir die schöpferische Leistung einer Bildhauerin oder das Tagewerk eines Heizungsinstallateurs zum Vergleich heranziehen, das »Tätigkeitsspektrum« der Wissensarbeiter:innen »ist sehr eng [...] Bewegungen sind hochreduziert«.[6] Und auch im Ergebnis unterscheidet es sich:

> »Was herauskommt, wird nie so fertig und real sein wie eine Marmorbüste. Die Powerpoint-Präsentation existiert im digitalen Nirgendwo [...] Es gibt nichts, das uns das Gefühl einer fertigen Leistung gibt.«[7]

Die Forderung der jungen Generation nach mehr Sinnhaftigkeit im Job, mehr Erfüllung und einer Übereinstimmung mit dem, was man als eigene Identität versteht, ist damit vielleicht nichts anderes als eine Kritik an einer Arbeitswelt, in der sich der Mensch kaum noch spürt. Die Folgen sind nachvollziehbar: Entkopplungs- und Entfremdungsphänomene werden für viele Arbeitnehmende zunehmend zur Herausforderung. Nicht selten ist innere Leere der erste Schritt ins Ausgebrannt-Sein.

Mentale Erschöpfung ist inzwischen allgegenwärtig. Was früher das Rückenleiden war, ist heute der

Burnout. Das Massenleiden zieht sich durch sämtliche Berufsgruppen und nimmt seit Jahren stetig zu. In den vergangenen vierzig Jahren ist der Anteil psychischer Erkrankungen als Grund für Arbeitsunfähigkeit laut dem BKK Gesundheitsreport[8] (2018) von zwei auf 16,6 Prozent gestiegen. Laut einer Statistik der AOK hat sich die Diagnosehäufigkeit im Jahr 2022 noch mal drastisch erhöht. 216 000 Burnout-Betroffene errechnet die Krankenkasse für 2022, und damit stiegen auch die Krankheitstage: Hochgerechnet waren an 5,3 Millionen Tagen Betroffene aufgrund der Diagnose nicht arbeitsfähig.[9]

Eine Studie des McKinsey Health Institute aus dem Jahr 2023, für die 30 000 Beschäftigte aus dreißig Ländern befragt wurden, kommt außerdem zu dem Ergebnis, dass eine toxische Arbeitsumgebung und unklare Rollenverständnisse die zentralen Ursachen für das Burnout-Syndrom am Arbeitsplatz sind.[10] Studien, die sich mit den Ursachen für Burnout beschäftigen, sind inzwischen zahlreich, und es zeichnet sich immer wieder ein ähnliches Muster ab: Es ist nicht die Arbeitsbelastung, die den Menschen mental zu schaffen macht, sondern das Gefühl von Sinnleere, Entfremdung und Entkopplung. Die beiden letzten Gefühlszustände beziehen sich dabei auch auf das Miteinander. »Ständige Konkurrenz führt zu Isolierung. [...] Es gibt keine Gemeinschaft und keine gemeinschaftlichen Anstrengungen«, schreibt der Philosoph Richard Schmitt.[11] Kritik statt Wertschätzung, Konkurrenz statt Kollaboration, strikte Vorgaben statt eigener Wirksamkeit sind oftmals die Taktung der modernen Arbeit.

Die Expertin für psychische Gesundheit Lisbeth Jerich beschreibt Burnout in erster Linie als einen allgemeinen Interessens- bzw. Wertekonflikt zwischen Organisation und Individuum. Für die Organisation geht es am Ende immer um den am Markt realisierbaren Tauschwert, während auf der anderen Seite die qualitativen Werte der Mitarbeitenden wie Solidarität, Ehrlichkeit, Zuverlässigkeit stehen. Jerich grenzt diesen Wertekonflikt damit klar gegen Arbeitsstress ab, den sie als Symptomatik kurzfristiger Belastungsphasen ansieht. Wenn wir also Erschöpfung nicht als individuellen Gefühlszustand von Menschen mit schlechtem Zeitmanagement begreifen, sondern als strukturelles Problem unserer Arbeitswelt und Gesellschaft, dann können Resilienztrainings, Entspannungs-Apps, Therapie und Psychopharmaka zwar Symptome lindern, die eigentlichen Ursachen jedoch nicht beseitigen. Die genannten Symptome sind letztlich Ausdruck von dominanzgeprägten Strukturen und einer patriarchalen Kultur der Über- und Unterordnung, der engen Regeln und Vorgaben, der Standardisierung, Fremdbestimmung und Kontrolle – einer Arbeitswelt also, in der für das *Selbst*, den Selbstausdruck und die Sorge um sich und füreinander wenig Raum bleibt.

Eine Bewegung hat das aufkommende Bedürfnis nach sinnstiftender Arbeit aufgegriffen und das *selbst*bestimmte und *sinn*hafte Arbeiten zu ihrem Markenkern gemacht. Die Rede ist von *New Work*, einem Ansatz, der die Arbeitswelt revolutionieren und auf neue Füße stellen wollte. Inzwischen hat sich der Hype um New

Work gelegt, und wir können mit mehr Distanz auf die Versprechungen einer schönen neuen Arbeitswelt blicken und uns kritisch fragen, wie viel *Neues* denn tatsächlich darin steckt. Denn der Anspruch »*bring your whole self to work*«, die Idee also, dass wir uns alle als ganze Menschen in der Arbeit einbringen, ist so verführerisch wie gefährlich in einem System, in dem der Leistungsfähigkeit, dem (beruflichen) Erfolg und dem Reichtum so viel mehr Respekt und gesellschaftliche Anerkennung gezollt werden als allen fürsorgenden Tätigkeiten – ganz unabhängig davon, ob es um Fürsorge im privaten oder im gesellschaftlichen Umfeld geht.

In der Leistungs- und Wachstumsgesellschaft bilden Arbeit und Berufstätigkeit das Zentrum unseres Lebens. Jede Entwicklung, die uns eine »bessere Arbeit« verspricht, muss deshalb zwangsläufig in den Verdacht geraten, uns mit dieser Arbeit und ihrem Wachstumsstreben noch enger zu verbinden. Und so konnten auch zahlreiche Tools und Maßnahmen, die unter dem Deckmantel von New Work in den vergangenen Jahren wie eine Sau durch die Unternehmen getrieben wurden, oft als Instrumente entlarvt werden, die einer reinen Optimierungs- und Leistungssteigerung dienen. Die renommierte Pädagogin Susanne Mierau beschreibt anschaulich, wie sich Unternehmen das Bindungs- und Zugehörigkeitsbedürfnis der Menschen zunutze machen, wenn sie auf gemeinsam gekochte Team-Lunches, Yogaraum und vieles mehr setzen, um den Arbeitsort zum Lebensort zu machen:

> »So wichtig gute Rahmenbedingungen am Arbeitsplatz auch sind, sind sie oft dennoch dafür da, die Arbeitskraft noch weiter zu steigern und eine Verbundenheit mit der Arbeit herzustellen statt mit der eigentlichen sozialen Gruppe und Familie. Unser Bindungsbedürfnis wird ausgenutzt, um uns noch weiter an das System Erwerbsarbeit zu fesseln.«[12]

Derartige Maßnahmen erzeugen die Illusion einer »guten Arbeitswelt«, jedoch selten echte Veränderung. Was am Ende wieder fehlt: Zeit und emotionale Kraft, um sich all den anderen Verbindungen in unserem Leben zu widmen, die für unser Wohlbefinden, unsere Psyche und schließlich auch für unseren gesellschaftlichen Zusammenhalt so wichtig sind. Was daraus folgt, wenn Erwerbsarbeit immer mehr zu unserer Identität wird und damit nicht nur zeitlich, sondern auch emotional unseren Lebensraum einnimmt, haben wir weiter oben beispielhaft am Thema Vereinbarkeit dargestellt. Es ist ein toxisches Muster, das uns in der »schönen neuen Arbeitswelt« immer wieder begegnet: Jedes Mehr an Erwerbsarbeit führt dazu, dass alles Fürsorgende im Privaten zum Stressfaktor wird, wegrationalisiert oder »outgesourct« werden muss. Am Ende sind alle vor allem eines: erschöpft.

Wie halten wir es nun mit der Forderung nach mehr Selbstbestimmung und mehr Freiheit bei der Arbeit? Kann sie überhaupt einen glaubwürdigen Beitrag zu einer *fürsorgenden Kultur* in einem Unternehmen leisten, wenn sie im Verdacht steht, dass sie nur dazu dient, dem

Pfad der ständigen Leistungs- und Selbstoptimierung zu folgen? Wie groß ist die Gefahr, dass Selbstbestimmung die Tür zur nächsten Stufe der Selbstausbeutung öffnet, wenn wir nun auch noch unser »privates Ich« mit ins Büro oder in die Produktionshalle schleppen? Man könnte gefangen bleiben in diesem Dilemma zwischen Burnout-Debatte aufgrund von Entfremdung auf der einen Seite und dem Risiko weiterer Optimierung durch wohlklingende New-Work-Versprechen auf der anderen.

Um das Dilemma aufzulösen, hilft es, nicht auf die Maßnahmen zu schielen, sondern die Motive genauer in den Blick zu nehmen, die ein Unternehmen veranlassen, es »anders« zu machen. Die entscheidende Frage lautet, ob ein Unternehmen den Mut hat, das bestehende System aus Wettbewerb, Kampf und Gier grundsätzlich infrage zu stellen. Erst wenn die aktuellen Leitwerte hinterfragt werden, können sich Wege zu einer *neuen* Art des Arbeitens eröffnen, die dem Menschen dient, ohne ihn mit seinen Bedürfnissen nach Bindung, Gemeinschaft und Fürsorge für die eigene Sache auszunutzen. Oder um es mit den Worten von Frithjof Bergmann zu beschreiben, dem geistigen Vater von New Work: Relevant ist, ob es einem Unternehmen gelingt, Zwang und Kontrolle abzuschaffen und damit eine »Arbeitskultur zu entwickeln, die Menschen das tun lässt, was sie wirklich wollen, anstatt dass sie es tun müssen. Da hilft auch kein Tischtennis oder Obstkorb, um die Lohnarbeit erträglicher zu machen. Die Neue Arbeit versucht *eine andere Art zu leben* an die Menschen heranzutragen.«[13] (Hervorhebung der Autorinnen)

Wir haben mit einem Betrieb gesprochen, der sich selbst als New-Work-Unternehmen bezeichnet und es mit dem Neuen ziemlich ernst meint. Einhorn Products, die im Jahr 2015 in Berlin als Start-up gestartet sind, sind nicht nur aufgrund ihres schrillen Produktmarketings für Kondome und nachhaltige Menstruationsartikel bekannt, sondern auch wegen ihres außergewöhnlichen Gründungsmythos. Das Gründer-Duo aus Waldemar Zeiler und Philip Siefer ist angetreten, um der Welt zu beweisen, dass Wirtschaft anders funktionieren kann, und das heißt im Verständnis der beiden Gründer: fair, nachhaltig und sozial. Die Produkte, Kondome und später Menstruationsartikel, waren in dieser Vision nur Mittel zum Zweck. »Wir haben nach einem Produkt gesucht, an dem sich nachhaltiges und faires Wirtschaften durchexerzieren lässt«, erzählt Waldemar Zeiler. Das Unternehmen selbst als Experiment also.

Das Ziel, Wirtschaft radikal anders zu gestalten, schlägt sich auch in der Art und Weise nieder, wie Arbeit bei Einhorn funktioniert. Selbstbestimmtes Arbeiten ist der Grundpfeiler des Unternehmens. Von Anfang an war klar: Zwang in Form von festgelegten Arbeitszeiten, Pflicht-Meetings oder begrenzten Urlaubstagen sollte es in diesem Unternehmen ebenso wenig geben wie festgeschriebene Tätigkeiten und Aufgaben, die »nach oben« berichtet werden. An wen auch, wenn es keine Chefs gibt: »Chef-Sein ist zum Kotzen«, sagt Waldemar Zeiler im Interview mit dem Berliner *Tagesspiegel*[14] und beschreibt, wie er und sein Mitgründer die Gestaltung des Unternehmens den inzwischen zwanzig Mitarbeitenden überlassen.

Im Gespräch mit Markus Wörner, verantwortlich für Marketing und Kommunikation im Unternehmen, wird schnell klar, welche Anstrengungen ein Konzept mit sich bringt, das so vehement auf Selbstbestimmung und damit zwangsläufig auf Selbstorganisation setzt: »Unsere Kultur fordert eine hohe Eigenständigkeit und bietet wenig Orientierung«, erzählt Markus. »Wenn es bei einem Thema Spannungen gibt oder irgendwas nicht passt, geht es darum, das gut aufzulösen.« In dem »gut auflösen« liegt die Anstrengung, denn es bedeutet vor allem viel Kommunikation und viel Beziehungsarbeit.

Besonders deutlich und plakativ lässt sich das am Thema Gehälter nachzeichnen, auf das wir im Laufe des Gesprächs mit Markus immer wieder zurückkommen. Wie bei Einhorn üblich, galt auch bei der Bestimmung der Gehälter die Vorgabe, dass es keine Vorgaben gibt und die Mitarbeitenden gemeinsam eine Lösung auf die Frage nach fairen Gehältern finden sollten. Im ersten Schritt, der bereits sieben Jahre zurückliegt, experimentierte das Team mit selbstbestimmten Gehältern: Jede:r sagt, welches Gehalt er oder sie für angemessen hält für die eigene Arbeit. Das Vorgehen scheiterte. »Nach mehreren Runden und viel experimentieren haben wir inzwischen ein Gehaltssystem für uns gefunden, das einerseits viel Flexibilität, aber auch eine gewisse Orientierung bietet«, erläutert Markus, der seit Gründung bei Einhorn an Bord ist und die verschiedenen Entwicklungen hautnah miterlebt hat. Orientierung gibt das System, weil es Prinzipien klar benennt: Das höchste Gehalt darf nicht mehr als viermal höher sein als das niedrigste Gehalt im gesamten Unternehmen. Für alle gibt es ein Grundeinkommen, unter dem keine:r verdienen darf. Schließlich gibt es noch fixe Gehaltspunkte, die bei der Bemessung einbezogen werden.

Hier stoßen wir das erste Mal ganz explizit auf das Thema Fürsorge, denn die fixen Gehaltspunkte sind fürsorgende Elemente, zu denen sich das Team klar bekennt. Darunter fallen etwa die Anzahl von Kindern im Haushalt oder die Pflege von Angehörigen. »Den variablen Anteil, das soziale Band, wie wir es nennen, ermitteln wir in einem gegenseitigen Feedbackprozess«, erläutert Markus, der auch seit einigen Jahren Mitglied des Gehaltsrats ist. Dieser Rat verantwortet als gewählte Vertretung das Gehaltssystem mit dem Ziel, dieses möglichst gerecht zu gestalten.

Was als gerecht empfunden wird, entscheiden bei Einhorn nicht einzelne Personen, sondern die gesamte Belegschaft. Es ist ein Aushandlungsprozess, bei dem es auch darum geht, dass zum Teil sehr individuelle Bedürfnisse von der gesamten Belegschaft mitgetragen werden. Was das bedeuten kann, zeigt folgendes Beispiel: »Wir haben gemeinsam entschieden, dass es finanzielle Unterstützung nicht nur für das bereits geborene Kind gibt, sondern auch für den Kinderwunsch.« Kinderwunschbehandlungen sind kostspielig und werden nur in Teilen von der Krankenkasse getragen. Markus berichtet davon, dass daher eine Kollegin in ihrem Kinderwunsch finanziell unterstützt wurde.

Mit diesem Gehaltssystem hat Einhorn beides geschaffen: einerseits eine Struktur, die Orientierung gibt und die die Werte des Unternehmens in klaren Prinzipien wie etwa der eingeschränkten Gehaltsspanne realisiert. Andererseits ermöglicht das System ausreichend Freiheit, dass Gehaltsanteile in einem gemeinsamen Prozess so ausgehandelt und verteilt werden, dass sich jede:r gesehen und wertgeschätzt fühlt. Mitarbeitende können sich mit ihren eigenen Werten, Interessen und Bedürfnissen einbringen. Der Mensch fällt bei Einhorn nicht auseinander in ein privates und ein erwerbstätiges Ich.

Das Beispiel Einhorn Products zeigt: Wenn Selbstbestimmung von Werten getragen wird, die nicht der Leistungssteigerung, (Selbst-)Optimierung und Profitmaximierung dienen, sondern von der Idee einer menschlichen Arbeitswelt geprägt sind, wird Selbstbestimmung zum Hebel für eine fürsorgende Kultur und Struktur im Unternehmen.

Das Fürsorgende hat hierbei zwei Dimensionen: Die Fürsorge untereinander wächst im Zuge der verschiedenen Aushandlungsprozesse, indem Mitarbeitende mehr Verbindung und Beziehung miteinander eingehen. Gleichzeitig schützt das Unternehmen selbst durch eine ganze Reihe von Maßnahmen – auf einige gehen wir später noch genauer ein – Fürsorge als gesellschaftlichen Wert. So erkennt das Unternehmen zum Beispiel den Wert von Fürsorge an, den Mitarbeitende privat leisten. Nicht nur, indem es den Mitarbeitenden mehr Zeit für Fürsorge ermöglicht (Kap. 2.2), sondern auch monetär, wenn Mitarbeitende, die Kinder haben oder Angehörige pflegen, einen zusätzlichen Gehaltsanteil von 400,00 Euro (netto) pro Kind oder zu pflegender

Person erhalten. Hinzu kommt, dass Fürsorge in diesem System auch dadurch aufgewertet wird, dass sie von der Geschlechtsidentität entkoppelt ist. Ausschlaggebend für den sozialen Gehaltsanteil ist, dass Fürsorgeleistung privat erbracht wird, nicht, ob sie von einer Mitarbeiterin oder einem Mitarbeiter geleistet wird.

Das ist deshalb bemerkens- und erwähnenswert, weil die Entwertung von Care weiterhin mit einer Geschlechterdiskriminierung einhergeht, die sich in geschlechtsspezifischen Lohndifferenzen niederschlägt. Wer privat einen hohen Fürsorgeanteil hat – und das sind bis heute vor allem Frauen –, ist oft auf dem Arbeitsmarkt »weniger wert«. Frauen müssen nach der Geburt eines Kindes mit zahlreichen Diskriminierungen am Arbeitsplatz rechnen. Als Mütter stecken sie in ihrer Erwerbsarbeit deutlich mehr zurück als die Väter, wenn sie etwa den überwiegenden Teil der Elternzeitmonate abdecken oder nach der Geburt in Teilzeit wechseln. Ein transparentes Modell wie das von Einhorn, das allen Mitarbeitenden, die private Fürsorge leisten, einen fixen Gehaltsanteil zusichert, setzt dem etwas entgegen. Mutterschaft im Speziellen und Fürsorgeverantwortung generell werden hier gehaltsseitig nicht mehr diskriminiert.

Das Beispiel Einhorn zeigt, wie selbstbestimmtes Arbeiten den Menschen in die Organisation holt: In vielen anderen Unternehmen müssten die unterschiedlichen Anliegen und Bedürfnisse, die hier gemeinsam verhandelt werden, umfangreich formal abgeglichen und geprüft werden. In der Folge gäbe es vielleicht wieder neue Regeln und Bestimmungen. Schon sind wir im Dickicht aus Regulierungen und Prüfmechanismen angekommen, die Organisationen oft so entmenschlicht wirken lassen. Mitarbeitende stöhnen auf, wenn sie sich durch Papierberge arbeiten müssen, die sinnbildlich dafür stehen, den Menschen die Fähigkeit abzusprechen, eigenständige und eigenverantwortliche Entscheidungen zu treffen. Bei Einhorn werden Entscheidungen möglich, die für Außenstehende ungewöhnlich anmuten – wie etwa die Unterstützung des Kinderwunsches –, weil sich das Unternehmen »klare Grundwerte gegeben hat, die nicht verhandelbar sind«, wie Markus betont. Er ergänzt: »Alle Mitarbeitenden teilen diese Werte. Das ist wichtig, und da achten wir drauf.« Werte sind hier keine Worthülsen, die die Wände des Besprechungszimmers aufhübschen. Sie werden in den intensiven Austauschprozessen ständig aktualisiert, mit dem Alltag und den Entscheidungen abgeglichen und damit für jede:n erlebbar.

Dass ein hohes Maß an Autonomie, also Selbstbestimmung und Freiheit, in der Gestaltung des eigenen Arbeitsumfelds nicht nur einen »Werte-Fit« zwischen Organisation und Individuum ermöglicht, sondern auch die Zufriedenheit und (seelische) Gesundheit der Mitarbeitenden fördert, ist eine Erfahrung, die Beate Schneider und Christian Bathke, beide Mitarbeitende der zu DB Regio gehörenden S-Bahn München, teilen. »Unsere Mitarbeitenden sind zufriedener als früher, es geht ihnen gut. Der Krankenstand ist im Zeitraum 2019 bis 2023 trotz Corona sichtbar gesunken«, erzählt Beate. Christian, ihr Chef und Leiter des Prüfdienstes, bietet uns gleich zu Beginn des Gesprächs an, das Du einzuführen; das sei bei ihnen im Team normal.

Ihr Team, von dem uns die beiden in den nächsten neunzig Minuten berichten, ist das Serviceteam der S-Bahn München mit rund einhundert Mitarbeitenden. Die Prüfer:innen sind tagtäglich in der S-Bahn unterwegs. Sie sind für verschiedene Serviceaufgaben im S-Bahn-Netz verantwortlich und kontrollieren Fahrscheine. Aber: »Wir wissen nicht, was unsere Mitarbeitenden draußen jetzt in diesem Moment gerade tun«, sagt Christian. Er räumt ein: »Deshalb war das Verhältnis zu ihnen früher mehr als heute auch von Misstrauen geprägt.«

Früher, das war die Zeit vor der Umsetzung einer gewagten Idee: 2019 zog sich Christian mit fünf Kolleg:innen zu einer Klausur zurück. Sie fragten sich, wie in Anbetracht wachsender Anforderungen aus den rund einhundert Prüfer:innen ein »echtes Serviceteam« werden könnte. »Serviceteam« heißt für den langjährigen DB-Mitarbeiter: ein Team, das den Kund:innen zur Seite steht, vor allem dann, wenn es zu Störungen im S-Bahn-Verkehr kommt, wenn Kund:innen Orientierung und Unterstützung brauchen. »Wir wissen aus Studien, dass Menschen mit Menschen sprechen wollen, wenn sie verunsichert sind. Nicht mit Maschinen«, ergänzt er. Das, wonach er suchte, war ein Weg, um mehr eigenverantwortliches Arbeiten zu ermöglichen, raus aus Misstrauen, Zwang und Kontrolle. Damit war die Idee geboren, die gesamte Abteilung zu einer selbstorganisierten und eigenverantwortlich arbeitenden Einheit umzustrukturieren. Konkret bedeutet das, dass es feste Prüfteams aus fünf bis neun Mitarbeitenden gibt, die eigenständig zusammenfinden und ihren Arbeitsalltag als Team gemeinsam und selbstbestimmt organisieren: die Schichten, die das Team belegt, ebenso wie die Strecke, die es prüft. Nicht der Chef gibt die Anweisungen und kontrolliert die Ergebnisse, das Team steuert sich selbst und entwickelt dabei auch seine Arbeitsweisen und -qualität weiter.

Was hier vielleicht nach einer überschaubaren Veränderung klingt, ist in Wahrheit ein harter Bruch mit der Kultur klassisch hierarchischer Organisationen mit einem klaren »Top-down«-Pfad. Insbesondere Unternehmen der öffentlichen Daseinsvorsorge kennzeichnet ein hoher Formalisierungsgrad. Nicht selten sitzen sie dem (Irr-)Glauben auf, Verlässlichkeit und Fehlervermeidung seien vor allem durch strenge Regelkonformität zu erreichen. Aus der Organisationswissenschaft ist bekannt, dass Verlässlichkeit ganz im Gegenteil gerade dann entsteht, wenn das Selbstwahrnehmungs- und Reflexionspotenzial der Organisation hoch ist. Sprich: wenn es einer Organisation gelingt, einen Rahmen zu gestalten, in dem sich Mitarbeitende angstfrei begegnen können, einen Rahmen, in dem sie sich mit ihrer Expertise und ihrer Kompetenz einbringen können.

Genau das wollten Christian und seine Kollegin Beate, die ihn in der Umsetzung der Transformation seit drei Jahren als Team Lead unterstützt, durch eigenverantwortliches und selbstbestimmtes Arbeiten erreichen. Beiden war dabei von Beginn an klar, dass Eigenverantwortung nur intrinsisch motiviert, also aus eigenem Antrieb, gelingen kann. »Wollen« statt »müssen« lässt sich nicht anordnen.

Aus der Motivationsforschung wissen wir, welche Bedürfnisse zentral sind, damit Mitarbeitende Lust haben, sich einzubringen. Die Psychologen Richard Ryan und Edward Deci beschreiben in ihrer Selbstbestimmungstheorie, dass Menschen aller Kulturen danach streben, durch ihr Handeln drei permanente Grundbedürfnisse zu erfüllen: das Erleben von Kompetenz, das Erleben von Autonomie sowie das Erleben einer sozialen Verbundenheit.[15] Kompetenz erleben wir, wenn es uns gelingt, auf Dinge so einzuwirken, dass das gewünschte Ergebnis eintritt. Autonomie beschreibt, dass ich Tätigkeiten selbst gewählt und frei von Zwang ausüben kann, dass ich also auf mein Arbeitsumfeld und die Art, wie ich Tätigkeiten ausführe, einwirken und sie mitgestalten kann. Unter sozialer Verbundenheit verstehen Deci und Ryan schließlich die Position einer Person in einem sozialen Netzwerk: das Verbundensein mit anderen Menschen, mit denen ich Werte teile und mit denen mich ein »größerer Sinn« verbindet. Verbindung entsteht für jede:n Einzelne:n entlang einer inneren Selbstvergewisserung: »Spiele ich eine Rolle für die anderen? Und welche Rolle spielen die anderen für mich?«

Den beiden DB-Mitarbeiter:innen Beate und Christian ist es – ähnlich wie wir es bei Einhorn Products beobachten konnten – gelungen, einen Rahmen zu schaffen, in dem genau das möglich wird, was die Theorie beschreibt. Die Voraussetzungen waren bei DB Regio ungleich schwerer als bei dem Berliner Start-up:

Für Beate und Christian galt es, ein tradiertes hierarchisches System mit einem entsprechenden Wertebild und lange eingeübten Strukturen und Prozessen Schritt für Schritt umzubauen und eine große Belegschaft von rund einhundert Mitarbeitenden mit auf die Reise zu nehmen. Für Einhorn gab es keine »Altlasten« zu beseitigen. Sie haben ein Unternehmen »auf der grünen Wiese« gebaut und es von Beginn an am Gründungsmythos »Wir zeigen, dass Unternehmertum anders und besser gehen kann« ausgerichtet.

So unterschiedlich die Bedingungen auch sein mögen, in den Gesprächen erkennen wir Gemeinsamkeiten: Auch Beate und Christian sind von klaren Werten und der Absicht angetrieben, einen Ort zu schaffen, an dem Menschen sich als selbstwirksam erleben, an dem eigene Ideen und Impulse nicht an der Bürotür von Chef oder Chefin abprallen. Einen Ort, an dem es auch weiterhin Kennzahlen gibt, deren Erfüllung aber nicht durch Kontrolle, Zwang und Druck erreicht werden soll, sondern durch Zutrauen, Vertrauen und Eigenverantwortung.

Der Weg, um diesen Ort zu gestalten, ist ein langer und streckenweise anstrengender: »Man hätte es auch ruhiger haben können im Leben«, schmunzelt Christian zweimal während unseres Gesprächs. Dennoch ist er froh, dass er das Experiment eingegangen ist, mit dem sich auch das »Chef-Sein« für ihn nachhaltig verändert hat: »Meine Rolle als Chef ist jetzt die eines Zuhörers.« Gegenseitiges Zuhören ermöglicht, was in einer dominanzgeprägten, hierarchischen Ordnung oft wenig Platz hat – das zeigt sich, wenn Christian fast überrascht, auf jeden Fall berührt, erzählt: »Ja, und plötzlich fragen die Mitarbeitenden auch, wie es mir geht.« Beate ergänzt: »Wenn Christian mal ein paar Tage fehlt, fragen die Kolleg:innen, wo er ist und ob es ihm gut gehe.« Weiter erzählt sie: »Früher war das anders. Da war er ja ganz oben.« Ganz oben ist weit weg, nicht erreichbar, kaum nahbar. Bittet man jemanden um Hilfe oder Unterstützung, der hierarchisch und emotional so weit weg ist? Am Ende fühlen sich meistens beide Seiten einsam: die Mitarbeitenden »unten« und die wenigen an der Spitze. Im Team von Beate und Christian ist das heute anders: Man habe »eine ganz neue Stufe des Austauschs gefunden, so nach dem Motto: Was können wir denn jetzt *füreinander* tun?«

Den Weg hin zu selbst organisierten Teams gehen Beate und Christian behutsam und langsam, weshalb er bis heute nicht abgeschlossen ist. 35 Prozent der Mitarbeitenden arbeiten noch in der alten hierarchischen Struktur. Nichts überstülpen, sondern der Veränderung die Zeit geben, die es braucht, ist ein Muster, das wir auch bei Einhorn Products kennengelernt haben. Orientierungspunkte bilden Werte und eine Vision, keine fertigen Antworten. Wenn etwas nicht funktioniert, wird es angepasst.

Die Voraussetzung dafür ist, miteinander im Kontakt zu sein: sich mit den Mitarbeitenden auseinandersetzen, ihnen zuhören, ihre Ängste wahrnehmen und sie auch davor schützen, sich selbst zu überfordern. Der letzte Punkt ist Beate wichtig: »Wir haben ein Ampelsystem entwickelt, damit die Teams selbst besser mitbekommen, wie es ihnen gerade geht.«

In den Unternehmen, mit denen wir gesprochen haben, ist das selbstbestimmte Arbeiten gerade nicht der Steigbügelhalter für die nächste Stufe der (Selbst-)Ausbeutung. Im Gegenteil: Durch die visions- und wertegetragene Gestaltung selbstbestimmter Arbeit ist es gelungen, eine kulturelle und emotionale Infrastruktur zu entwickeln, in der sich Menschen gegenseitig stärken und stützen, in Beziehung sind und füreinander sorgen.

Im ersten Kapitel haben wir argumentiert, dass die aktuellen Krisen und krisenhaften Phänomene auch ein Ausdruck des Fürsorgemangels in Wirtschaft und Gesellschaft sind. Die patriarchale Ordnung des Kapitalismus hat im Tandem mit einer »Gewinnerideologie« Stück für Stück gesellschaftlichen Zusammenhang und Zusammenhalt abgetragen. Die hier beschriebenen Beispiele zeigen, dass Zusammenhalt entsteht, wenn die patriarchale und dominanzgeprägte Ordnung durch eine partnerschaftliche ersetzt wird, denn: »Solidarität findet statt, wo wir unterstützende Netzwerke aufbauen, in denen wir andere stützen und selbst gestützt werden.«[16]

Einige der Unternehmen, mit denen wir gesprochen haben, sind noch einen Schritt weiter gegangen, um die Werte, an denen sich ihre Art zu wirtschaften und zu arbeiten orientiert, nach innen und außen verbindlich abzusichern. Sie haben sich in das sogenannte *Verantwortungseigentum* umgewandelt, eine Unternehmensform, die durch Stiftungsunternehmen wie BOSCH, ZEISS oder ZF Friedrichshafen bekannt wurde. Seit einigen Jahren erlebt diese Unternehmensform, die vorsieht, Teile des Unternehmens in eine Stiftung zu überführen, in Deutschland zunehmend Aufwind. Populär wurde die neue Unternehmensform nicht zuletzt auch durch das Engagement von Armin Steuernagel, der sich politisch dafür einsetzt, die Umgestaltung in Verantwortungseigentum vor allem für Start-ups und Unternehmen des Mittelstands zu erleichtern und damit attraktiver zu machen. Bislang ist es noch kompliziert, langwierig und kostspielig, diesen Weg zu gehen.

Den Kern der Rechtsform bildet der Gedanke des »treuhänderischen Eigentums«. Damit wird sichergestellt, dass die Eigentümer:innen des Unternehmens zwar mit Stimm- und Teilhaberechten ausgestattet sind, die Gewinne und das entstehende Vermögen jedoch im Unternehmen bleiben und damit der langfristigen Unternehmensentwicklung dienen. Der sogenannte *Asset Lock* wird mit dieser Unternehmensform rechtlich sichergestellt, also das Prinzip, dass Gewinne nicht einem Selbstzweck und damit der Bereicherung einer oder weniger Personen dienen, sondern Mittel zum Zweck sind, um das Unternehmen und seine Mitarbeitenden in die Zukunft zu führen.

Einhorn zählt zu den Unternehmen, die diesen Schritt gegangen sind. Markus beschreibt es »als die einzige logische Konsequenz«, denn »die Idee des Verantwortungseigentums stimmte mit dem überein, was wir ohnehin schon lebten«. Unternehmen im Verantwortungseigentum sind dem Markt als Spekulationsobjekt entzogen. »Das hat eine unglaubliche Power«, sagt Markus. »Sowohl für die Gründer als auch für die Personen, die im Unternehmen arbeiten, weil das eben auch eine wahnsinnige Sicherheit gibt.« Die Rechtsform bedeutet Glaubwürdigkeit: Die Werte, die sich das Unternehmen gibt, werden durch diesen Schritt rechtlich verbrieft und vor einem Zugriff von außen abgesichert.

Auf unserer Suche nach Unternehmen, die den Wert der Fürsorge wieder in die Wirtschaft bringen, sind wir auf einen weiteren spannenden Pionier gestoßen. Der Weg führt uns nach Süddeutschland ins Allgäu. In Leutkirch gründete 1974 Fritz Hetzer die Elobau Elektrobauelemente GmbH & Co. KG, die 1992 von seinem Sohn Michael Hetzer übernommen wurde und heute 1300 Menschen beschäftigt.

Bereits 2006 hatte Michael Hetzer die Idee, dass das Unternehmen nicht mehr ihm, sondern »sich selbst« gehören solle, wie die Eigentumsverhältnisse im Verantwortungseigentum oft beschrieben werden. Der Prozess der Umwandlung dauerte sechs Jahre und kostete rund eine halbe Million Euro. Michael bereut es bis heute nicht, diesen Schritt gegangen zu sein und die Investition getätigt zu haben, ganz im Gegenteil. Er engagiert sich in der Stiftung Verantwortungseigentum, die sich unter anderem dafür einsetzt, dass in Deutschland eine entsprechende Rechtsform eingeführt wird, damit die Umwandlung für Unternehmen künftig leichter und kostengünstiger ist. Er hält Vorträge und vernetzt sich mit anderen Unternehmen, um die Idee des Verantwortungseigentums in die Welt zu tragen.

Uns interessiert, was ihn zum Schritt der Umwandlung veranlasst hat. Wie bei vielen Familienunternehmer:innen ist die Frage nach der möglichen Unternehmensnachfolge einer der Beweggründe. Er wollte den »Automatismus« stoppen, dass sich seine Söhne verpflichtet fühlen, das Unternehmen eines Tages zu übernehmen. Neben dem Wunsch, eine »nachhaltige Nachfolgelösung« zu finden, beschäftigte ihn außerdem immer wieder die Frage: »Wer oder was generiert den Wert eines Unternehmens?« Seine Antwort darauf ist eindeutig: Natürlich sind es die Mitarbeitenden. »Und wenn man diese Antwort hat, dann ist es ja wiederum unlogisch, dass es nur einer Person oder nur einer Familie gehört.«

Es wird sehr deutlich, dass er sich seinen Mitarbeitenden verpflichtet fühlt. Die kapitalistische Logik »Viele arbeiten, Einzelne profitieren«, ist für ihn ein moralischer Widerspruch, den er mit der neuen Rechtsform auflösen konnte. »Ich hatte monatlich Briefe im Briefkasten, in denen nicht gefragt wird: ›Willst du verkaufen?‹, sondern gleich gefragt wurde: ›Wann treffen wir uns, um darüber zu sprechen?‹« Im Gespräch wird seine Empörung über solches Vorgehen spürbar. Vielleicht bewegt es ihn auch deshalb so sehr, weil Investoren auf »Shoppingtour« so gar nicht im Blick haben, was für ihn im Zentrum steht: die Wertschätzung der Mitarbeitenden.

Dass die Umwandlung des Unternehmens »nach innen« so gut gelungen ist, liegt auch daran, dass sich das Unternehmen schon über Jahre zu einer Organisation umstrukturiert hat, die stark auf Selbstorganisation setzt und wenig hierarchisch aufgebaut ist: »In meinen Augen würde eine solche Verstiftung eines Unternehmens nicht so gut funktionieren, wenn es ein ganz hierarchisches Unternehmen betrifft.« In einer Kultur, in der eine Person alles entscheidet, entstünde durch eine solche Rechtsform ein Vakuum: »Die Person fällt ja quasi weg.«

Genau diese Herausforderung hatte das Unternehmen Waschbär zu bewältigen, ein Versandhandel für nachhaltige Mode und Bioprodukte. Katharina Hupfer übernahm 2017 als treuhänderische Eigentümerin das Unternehmen nach dessen Umwandlung in Verantwortungseigentum. Ihr Vorgänger Ernst Schütz hat die Idee des Verantwortungseigentums maßgeblich mit vorangetrieben. Er ist einer der Mitgründer der Purpose Stiftung, die die Unternehmensform des Verantwortungseigentums auch für kleine und junge Unternehmen überhaupt erst möglich macht. Für Schütz war das Verantwortungseigentum die einzig denkbare Nachfolgeform, denn ein Verkauf an einen meistbietenden Investor kam für ihn ebenso wenig infrage wie eine Weitergabe innerhalb der Familie.

Als Katharina Hupfer die Geschäftsführung übernimmt, muss sie feststellen, dass die gesellschaftsrechtliche Änderung nur eine Seite der Medaille ist und im Fall von Waschbär vermutlich die weniger gravierende. »Als Unternehmen in dieser Transformation wirklich anzukommen, ist eine ganz andere Nummer«, erzählt uns die Geschäftsführerin. Im Interview nimmt sie uns mit auf die Transformationsreise, die Waschbär seit 2017 unternimmt und »die bis heute nicht abgeschlossen ist«, wie sie betont. Im Vergleich zu Einhorn Products und Elobau zäumte Waschbär das Pferd gewissermaßen von hinten auf: »Wir waren ein stark inhabergeführtes Unternehmen«, erläutert Katharina. Mit der Überführung des Unternehmens in Verantwortungseigentum war klar, dass sich auch intern vieles ändern wird: »Verantwortung muss von nun an auf mehrere Schultern verteilt werden. Mein Ziel ist es, eine Organisation zu bauen, in der auch jede:r Einzelne Verantwortung übernehmen kann und möchte. Das geht nicht von heute auf morgen. Zunächst haben wir uns daher mit den Führungskräften auf den Weg gemacht. Wir probieren aus, was zu uns passt, und wir lernen auch den Umgang mit Scheitern. Was sehr spannend ist, denn nur so kann etwas wirklich Neues entstehen.« Mitbestimmung, Teilhabe, flache Hierarchien – all das sind Maßnahmen, die nicht angeordnet werden können, sondern eingeübt werden müssen.

Dass das zuweilen ein mühsamer Prozess ist, räumt Katharina im Gespräch immer wieder ein: »Man muss ständig dranbleiben, am besten mit Begleitung. Sonst fällt man schnell wieder in alte Muster zurück.« Ein Reflex, den sie auch an sich selbst beobachten kann: »Ich komme aus einer Generation, die noch sehr hierarchisch aufgewachsen ist. Arbeit war zunächst einmal Pflichterfüllung.« So wie Katharina geht es vielen, die heute in Führungspositionen sind. Und sie gibt zu: »Manchmal denke ich selbst noch: ›Wär's jetzt nicht eigentlich einfacher, einfach mal eine Ansage zu machen?‹«

Aber Katharina und ihre Kolleg:innen bleiben dran. Sie sind überzeugt, dass sich der Weg lohnt und dass es der richtige ist. Katharina freut sich über die spürbaren

Veränderungen, die sie bei sich selbst und in der Belegschaft beobachten kann. Plötzlich werden Themen besprechbar, die früher weggedrückt wurden.

Gerechtigkeit ist so ein Thema. Und genau das wird in Unternehmen in der Regel durch das Gehaltssystem spürbar und real. »Wir kommen aus einer sehr intransparenten und ungerechten Situation. Unsere Gehaltsstruktur war nicht systematisch«, erzählt uns Katharina. Als Geschäftsführerin startete sie auf Wunsch der Belegschaft einen Beteiligungsprozess. »Früher hätte sich nur der Personalbereich damit beschäftigt.« In einem System, das die Betroffenen einbindet, ändert sich das. »Ich erlebe immer häufiger, dass Mitarbeitende sagen: ›Ich will hier was verändern‹. Früher wäre ich zusammengezuckt«, sagt Katharina. »Heute kann ich zuhören und sagen, wie wir das Thema aufnehmen können.«

Beteiligung, die Einbeziehung von Mitarbeitenden, und damit eine gelebte Wertorientierung ist also die Voraussetzung für eine erfolgreiche Umwandlung. Dass Partizipation und Selbstbestimmung nicht nur in einem zwanzigköpfigen Start-up möglich sind, sondern auch in einem mittelständischen Unternehmen, zeigen Waschbär mit seinen rund 280 Mitarbeitenden und der Maschinenbauer Elobau mit inzwischen 1300 Angestellten.

Auch bei Elobau war die Einführung eines neuen Gehaltssystems Anlass, um mit den Mitarbeitenden in einen intensiven Kommunikationsprozess einzutauchen. Es entstand ein Rätesystem. Jeder Rat nimmt sich eines Themas an – auf freiwilliger Basis und über alle Abteilungen hinweg. Im Austausch mit allen Ebenen konnte im Unternehmen ein Gehaltssystem entwickelt werden, das auf Transparenz setzt und die Wünsche der Mitarbeitenden berücksichtigt. So haben sie etwa durchgesetzt, dass der an den Unternehmenserfolg gekoppelte Jahresbonus allen Mitarbeitenden in gleicher Höhe ausgezahlt wird.

Einen Betriebsrat gibt es bei Elobau nicht. Die Abstimmung im Unternehmen darüber, ob es einen solchen braucht, fiel eindeutig aus: Nur eine kleine Minderheit von weniger als zwei Prozent stimmte dafür. Der Blick auf die hier vorgestellten Unternehmen lässt die Annahme zu, dass klassische Betriebsräte allein eine Notwendigkeit der patriarchalen und dominanzgeprägten Ordnung von Arbeit sind: Dort, wo es Über- und Unterordnungsverhältnisse, Macht und Kontrolle für die Stabilisierung des Systems braucht, werden Mitarbeitende und Management – oder »unten« und »oben« – zwangsläufig zu Gegenspieler:innen. In dieser Ordnung braucht es starke Institutionen, die die Schwachen schützen. Wenn die Macht des Gegeneinanders von der Kraft des Miteinanders, von »Egalität und gegenseitiger Fürsorge«[17] abgelöst wird, wie es Riane Eisler formuliert, können auch neue Formen gefunden werden, die die Vermittlung und das Aushandeln von Interessen, Wünschen und Bedürfnissen in einem gemeinsamen, partnerschaftlichen Prozess sicherstellen.

Den Unternehmen, die wir getroffen haben, ist es gelungen, sich von einer patriarchalen Ordnung aus

Zwang und Kontrolle zu befreien und einen emanzipatorischen Weg zu bestreiten: Selbstbestimmung ist ihr zentraler Wert. Selbstbestimmtes Arbeiten ist dann nicht die nächste Stufe der (Selbst-)Ausbeutung, wenn es der Absicht folgt, Wirtschaft und Arbeit fürsorgend zu denken und zu gestalten. Dann wird es möglich, dass sich Menschen umeinander und um sich selbst kümmern, indem ihre Bedürfnisse und Wünsche einen Raum bekommen und gesehen werden. Eine solche fürsorgende Kultur kann über Prozesse und Verfahren gefestigt und sogar über eine besondere Rechtsform sichergestellt werden.

2 Zeitwohlstand statt Konsum

Über fünf Milliarden Kleidungsstücke hängen in deutschen Kleiderschränken. Pro Kopf sind das rund 95 Kleidungsstücke. In Österreich sind es 94,[18] und Schweizer:innen besitzen im Durchschnitt 118 Kleidungsstücke. Sie kaufen außerdem jährlich circa sechzig neue dazu.[19] Etwa ein Fünftel dieser Stücke tragen wir nicht. Ein Trend jagt den nächsten, und wer will schon aus der Mode fallen? Solange wir es uns doch leisten können ... Der Preis für Kleidung ist gering – zumindest im Laden. Von Kindesbeinen an lernen wir: Hast du was, bist du was! In der Schule sind coole Klamotten wichtig, Autos werden immer größer, und das Smartphone ist selten älter als zwei Jahre. Selbst im Freundeskreis schielen wir links und rechts, wer sich welchen Urlaub leistet. Mit Corona haben außerdem unsere Wohnungen ein Makeover bekommen. Das zeigt sich zum Beispiel in den Umsatzzuwächsen der beiden Vorreiter des Online-Home-&-Living-Sektors: Home24 verzeichnete im Jahr 2020 vierzig Prozent Umsatzwachstum, Westwing sogar fünfzig Prozent.

Warum macht uns Konsum so glücklich? Forscher:innen haben herausgefunden, dass beim Shoppen der Teil des Gehirns sehr aktiv ist, in dem unser Belohnungssystem sitzt. Derselbe Teil des Hirns leuchtet bei Sucht auf. Dieses Dopamin ist auch der Neurotransmitter, der sich in unserem Nervensystem ausbreitet, wenn wir verliebt sind. Verständlich also, dass Lustkäufe so viel Reiz auf uns ausüben. Und verständlich auch, warum wir besonders anfällig sind, wenn es uns gerade nicht gut geht, wir einsam, unglücklich oder gestresst sind.

Oft sind es nicht die Dinge, die wir brauchen, es ist das Dopamin, das beim Kauf Glücksgefühle in uns auslöst. Wir brauchen Glück. Aber das, so lehrt uns die Glücksforschung, finden wir auf Dauer nur im Kontakt mit anderen Menschen: Tausche kurzen Konsumrausch-Dopamin-Kick gegen echte Beziehungen.

Beziehungen brauchen jedoch Zeit, und wer hat heute noch Zeit? 1,3 Milliarden Überstunden leisteten die Deutschen laut des Instituts für Arbeitsmarkt- und Berufsforschung (IAB) allein im Jahr 2023 – über die Hälfte davon unbezahlt.[20] Den Angaben des IAB und der Bundesagentur für Arbeit zufolge entspricht die Zahl der geleisteten Überstunden etwa 835 000 Vollzeitstellen. Die Dunkelziffer an Überstunden wird mit der Etablierung des Homeoffice voraussichtlich zunehmen. Der Siegeszug des Homeoffice ist eines von vielen Beispielen dafür, wie die Erwerbsarbeit immer weiter in alle Ritzen des Lebens eindringt und die Grenzen von Freizeit und Erwerbsarbeitszeit zunehmend verschwimmen.

Erwerbsarbeit ist nicht nur allgegenwärtig in unserem Leben, sondern hat auch eine Bedeutung, der alles untergeordnet wird. Darunter leiden vor allem Care-Tätigkeiten, wie wir in Kapitel 1 gezeigt haben. Wenn alle Vollzeit arbeiten, löst sich die Sorgearbeit nun einmal nicht auf. Eine zunehmende Zahl von Unternehmen macht sich die oben beschriebene wachsende Ökonomisierung von Fürsorgetätigkeiten zunutze und bietet ihren Mitarbeitenden gleich eine ganze Reihe von Care-Dienstleistungen an. »Kranke Kinder sollen zu Hause gesund werden«, heißt es auf einem Flyer, der in einem großen deutschen Konzern für die Mitarbeitenden ausliegt. Die naheliegende Lösung, dass ein Elternteil das Kind zu Hause gesund pflegt, ist unter Marktgesichtspunkten aber nicht die optimale. Eine Agentur, die Kinderpfleger:innen vermittelt, kann diese Dienstleistung günstiger anbieten. Die Agentur schafft Arbeitsplätze, macht Gewinne, der Konzern muss nicht auf seine Arbeitskraft verzichten – nur das Kind auf seine Eltern.

Aber es geht auch anders. In diesem Abschnitt stellen wir Unternehmen vor, die Care-Leistung nicht ausklammern, nicht wegrationalisieren und nicht länger leugnen, dass wir als Menschen fürsorgende Lebewesen sind und sein wollen. Es wäre viel zu kurz gegriffen zu sagen, diese Unternehmen haben hierfür an der

Stellschraube Arbeitszeit gedreht. In allen unseren Beispielen ist das Wichtigste die zugrunde liegende Kultur im Unternehmen. Stehen die Mitarbeitenden als eine Zahl auf der Kostenseite oder werden sie als denkende, gestaltende und eben auch fürsorgende Wesen und damit als Ausgangspunkt allen Handelns anerkannt?

Inzwischen ist es kein Kunststück mehr, Unternehmen zu finden, die mit Arbeitszeiten experimentieren – die Viertagewoche wird als neuer Hype gefeiert und ist in Anbetracht von Fachkräftemangel ein beliebtes Mittel, um die eigene Arbeitgebermarke unter dem Stichwort »Employer Branding« attraktiver zu machen. Schon schwieriger war es für uns, Unternehmen zu finden, für die eine Arbeitszeitverkürzung Ausdruck eines tiefgreifenden kulturellen Wandels ist, in dessen Zentrum die Anerkennung der Bedeutung von Zeit für Fürsorge jeglicher Art steht. In diesen Unternehmen geht es nicht nur darum, Arbeitsbedingungen zu verbessern, sondern die Rahmenbedingungen von Arbeit und Wirtschaft grundsätzlich infrage zu stellen. Damit rücken auch andere Aspekte in den Vordergrund wie etwa die Wachstumsthematik, das Gewinnstreben und damit letztlich die Frage: Ist Zeit der bessere Indikator für Wohlstand als Geld?

Unsere Auseinandersetzung mit diesem Thema beginnt mit der Person, die in Deutschland als Vordenker einer neuen Arbeitszeitgestaltung bekannt ist, dem Unternehmer und Autor des Buches *Die 5-Stunden-Revolution*, Lasse Rheingans. Heute ist er Inhaber und Geschäftsführer der Rheingans GmbH, die sich von einer

Digitalagentur zu einer New-Work-Beratung entwickelt hat und ihren Purpose, also den Sinn und Zweck des Unternehmens, so formuliert: »Wir inspirieren und befähigen Menschen, Teams und Organisationen – von Potenzial zu Wirksamkeit!«

Die Geschichte von Lasse beginnt vor der Übernahme der Rheingans GmbH. Von 2007 bis 2017 war er gemeinsam mit einem Kompagnon Gründer und Geschäftsführer einer Beratung für digitale Geschäftsmodelle. In dieser Konstellation hat er sich nach eigener Aussage aufgerieben. Lasse hängte sich mit aller Kraft in den Firmenaufbau rein. »Ich hätte glücklich sein müssen und sah aus, als würde ich sterben«, sagt er in unserem Interview. Seine Erkenntnis rückblickend: »Mein damaliger Geschäftspartner und ich, wir teilten nicht dieselben Werte. Für mich sind Autonomie und Selbstbestimmung wichtiger als vieles andere. Hart zu arbeiten bedeutet für mich nicht, *immer* zu arbeiten.« Nach einem zermürbenden Prozess der Trennung machte Lasse mit der Übernahme einer Digitalagentur endlich sein eigenes Ding. Sein persönlicher Startpunkt war dabei die eigene Erschöpfung, das Gefühl der Zerrissenheit zwischen Arbeit und Privat und die Erkenntnis, dass er selbst bestimmen möchte, wann er Vollgas gibt und wann er bremst. Und in der Rheingans GmbH sollte es nun von Anfang an darum gehen, es anders, es besser zu machen, besser für alle.

Mit seinem Eintritt in die Firma begann für die damals zehn Mitarbeitenden der Rheingans GmbH das Experiment des 5-Stunden-Tags. Klares Ziel: Antworten finden auf die Herausforderungen einer komplexen und anspruchsvollen Arbeitsrealität – im Spannungsfeld unternehmerischer Notwendigkeiten und menschlicher Bedürfnisse. Arbeitszeitgestaltung unterliegt heute noch viel zu oft der Vorstellung, dass zwischen Leistung und Zeit eine Korrelation bis hin zu einem linearen Zusammenhang besteht: Wer viel arbeitet, erzeugt viel Output. Dabei zeigt die Realität der digitalisierten Arbeitswelt – ständige Erreichbarkeit, hohe Dynamik, vernetztes Denken und Handeln –, dass dieser Zusammenhang längst überholt ist. Und diese Umstände erschöpfen diejenigen, die in der Scheinkorrelation gefangen sind.

Es ging im Experiment also um weit mehr als eine reine Arbeitszeitreduktion. Der 5-Stunden-Tag von Rheingans verlangt fokussierte Höchstleistung von den Angestellten. Die Tagesziele in fünf anstatt acht Stunden zu erreichen, bedeutete, Ablenkungen radikal zu vermeiden. Die heute übliche Flut an E-Mails, die Vielzahl an Kommunikationskanälen und die unzähligen Meetings – ein konzentriertes, fokussiertes Arbeiten ist da nicht mehr möglich. Lasse zitiert an der Stelle gerne die Theorie der »Attention Residue«, die von der Managementforscherin Sophie Leroy erstmals formuliert wurde. Die Theorie besagt, dass man nach einer Ablenkung oder neuen Aufgabe fünfzehn Minuten braucht, bis man wieder fokussiert arbeiten kann.

Lasse spricht auch von seiner persönlichen Erkenntnis als Führungskraft auf diesem Weg: »Manchmal würde ich schon gerne wissen, ob meine Mitarbeitenden das tun, was ich mir vorstelle, was sie tun sollen.

Aber ich vertraue darauf, dass wir einen Rahmen gesteckt haben, innerhalb dessen alle selbstbestimmt ihr Bestes geben.«

Von 2017 bis heute ist viel passiert. Sieben Jahre, eine Pandemie und unzählige Verbesserungsschleifen später, basiert die derzeitige Arbeitsform bei Rheingans auf individuell flexibler, selbst organisierter Aufgabenerfüllung ohne festgelegte Anwesenheitszeiten. »Die Anpassungsfähigkeit an sich ändernde Rahmenbedingungen und die stetige Weiterentwicklung passen zu uns«, finden auch die Mitarbeitenden.

Wissenschaft, Wirtschaft, Politik: Arbeitszeitgestaltung wird gerade heiß diskutiert. Der Berater und Autor Martin Gaedt hat in seinem Buch 4 *Tage Woche* 151 Praxisbeispiele aus Deutschland, Österreich und der Schweiz und aus unterschiedlichen Branchen – vom Handwerk bis zur Steuerkanzlei – zusammengetragen. Am 01. Februar 2024 startete in Deutschland eine Studie mit fünfzig teilnehmenden Unternehmen. Sie testen mit wissenschaftlicher Begleitung ein halbes Jahr lang die Vor- und Nachteile einer verkürzten Arbeitszeit. Zahlreiche Artikel, Podcasts und Panels besprechen das Für und Wider der 32-Stunden-Woche. »Gefährdet die Viertagewoche den Wohlstand?«, fragte beispielsweise der *Deutschlandfunk Kultur* kürzlich im Rahmen der Sendung »Wortwechsel«.

Bisher ist der gesellschaftliche Wohlstandsbegriff an das Bruttoinlandsprodukt gekoppelt und so liegt auf der Hand, dass arbeitgebernahe Positionen sich an völlig anderen Zielgrößen orientieren als diejenigen, deren

Verständnis von Wohlstand Aspekte wie Chancen, Solidarität oder eine intakte Umwelt einbezieht.

Neben dem Wohlstandsbegriff spielt auch das der Diskussion zugrunde liegende Menschenbild eine entscheidende Rolle, wenn wir Care und Erwerb neu denken. Sind Menschen in der Zeit, in der sie nicht arbeiten, faul? Oder sind sie gerade dann besonders wertvoll für die Gesellschaft? Folgt man der Idee, dass Menschen fürsorgende Wesen sind, ergibt sich eine andere, sanftere Sicht auf den Menschen, der weniger Erwerbsarbeit leistet: Er sorgt sich um sich und andere und um den Planeten.

Während also Arbeitgeberverbände und Politiker:innen in Zeiten von Inflation, Fachkräftemangel und mit Blick auf den demografischen Wandel reflexhaft eine Arbeitszeiterhöhung auf 42 Stunden pro Woche fordern, sammeln Unternehmen und Mitarbeitende weiterhin positive Erfahrungen mit einer 32-Stunden-Woche. Die beiden Positionen liegen damit ganze zehn Stunden auseinander. Zehn Stunden pro Woche mehr Zeit für Kinder, Freund:innen, Ehrenamt – das ist eine Menge.

Bei Einhorn haben die Mitarbeitenden Zeit. Dort sind 32 Stunden pro Woche eine Vollzeitstelle. Die Stunden können die Mitarbeiter:innen entlang des Arbeitszeitgesetzes beliebig aufteilen. Manche arbeiten vier, andere fünf Tage die Woche. Es gibt Fixpunkte wie den Bürotag am Dienstag. Aber auch dahinter steckt kein Zwang. Wem es also an einem Dienstag nicht passt, ins Büro zu kommen, der wird nicht schief angeschaut. Da merkt man wieder: Die meinen es ernst.

In der Kultur bei Einhorn ist ein durchweg positives Menschenbild verankert.

»Wir sind bei Einhorn mit einer klassischen Vierzig-Stunden-Woche gestartet und haben die Wünsche der Mitarbeitenden nach individuellen Lösungen außerhalb des Normarbeitsverhältnisses abgebildet. Das war ganz schön aufwendig«, beschreibt Markus in unserem Interview den Ursprung der Auseinandersetzung mit Arbeitszeit bei Einhorn Products. »Als klar wurde, dass die 32-Stunden-Woche das beliebteste Modell ist, haben wir uns entschieden, die Komplexität rauszunehmen und dieses Modell als Vollzeit bei vollem Lohnausgleich für alle anzubieten.«

Das war ein wichtiger Schritt zu gelebter Selbstbestimmung im Unternehmen. Auf die Produktivität hatte dies keine Auswirkung, erklärt uns Markus. Zahlreiche anspruchsvolle Tätigkeiten sind nicht mit gleichbleibender Produktivität acht Stunden am Stück durchzuhalten. Seit der Reduktion auf 32 Wochenstunden haben sich die Arbeitszeiten der Mitarbeitenden harmonisiert. »Wir haben jetzt weniger Teilzeitmitarbeitende, also weniger, die explizit unter 32 Stunden pro Woche arbeiten wollen.« Das nimmt nicht nur administrative Komplexität raus, es ist auch ein Schritt hin zu mehr gelebter Vielfalt in den Teams. Jede:r ist neben der Arbeit auch noch ganz schön viel Mensch, das wirkt sich positiv auf Kreativität und Zusammenhalt aus. »Ich erlebe mich selbst und meine Kolleg:innen entspannt und voller Energie bei der Arbeit«, bringt Markus seine persönlichen Erfahrungen auf den Punkt. Entspannung, Energie und Arbeit? Es scheint, als stemme sich Einhorn mit der Arbeitszeitreduktion erfolgreich gegen einen gesellschaftlichen Trend aus Stress, Erschöpfung und Burnout, vor dem hierzulande niemand mehr die Augen verschließen kann. Es passt auch zu unserer Erkenntnis aus den Interviews, dass die Krankheitsstände bei reduzierter Arbeitszeit signifikant sinken. Zu diesem Ergebnis kommt auch die bislang größte Studie zur Viertagewoche. 2022 reduzierten 61 britische Firmen für sechs Monate die Arbeitszeit auf 32 Stunden pro Woche. Das Ergebnis: Die Krankenquote sank deutlich, die Produktivität kaum.[21]

Doch wir dürfen die Arbeitszeitdebatte nicht losgelöst von den Sektoren und Branchen führen. Es macht einen Unterschied, ob die Mitarbeitenden kreative Bürojobs wie bei Rheingans und Einhorn haben, Maschinen bedienen oder handwerkliche Dienstleistungen vor Ort erbringen. Wie Arbeitszeitflexibilisierung und -reduktion im Handwerk funktionieren kann, erklärt uns Claudia Brandstädter von E-koris.

E-koris ist ein Handwerksbetrieb in Friedberg bei Augsburg. Um die fünfzehn Mitarbeiter arbeiten im Betrieb von Claudia und Daniel Brandstädter, zumeist auf Großbaustellen im Bereich der Elektrotechnik. Vor Corona war die Arbeit klassisch im Rahmen einer Vierzig-Stunden-Woche verteilt auf 4,5 Tage organisiert. »Uns war damals schon der Austausch mit unseren Mitarbeitern wichtig. Im Büroalltag sind Teammeetings selbstverständlich, im Handwerk nicht. Unsere Mitarbeiter sollten erleben, dass wir uns wirklich für sie interessieren«, sagt Claudia gleich zu Beginn unseres Gesprächs. Der regelmäßige und strukturierte

Austausch ist ihr sehr wichtig. Er bezog neben den fachlichen Aspekten ganz explizit die menschlichen Bedürfnisse der Mitarbeitenden ein. »Dadurch wuchs der Zusammenhalt unter unseren Mitarbeitern. Das hat uns geholfen, als dann Corona kam«, erzählt Claudia weiter. Wenn im Außen alles instabil wird, ist es umso wichtiger, Halt im Innen zu finden. Einer der Auszubildenden empfand seine Arbeit zu der Zeit als sicheren Hafen, »wie Freigang im Knast«. »Während Corona haben wir dann ein sehr flexibles Arbeitszeitmodell eingeführt, für das wir den Innovationspreis Vereinbarkeit 2022 des Bundesministeriums für Familie, Senioren, Frauen und Jugend bekommen haben«, berichtet Claudia von dem mutigen Vorstoß, etwas Neues auszuprobieren. Im Rahmen dieses Modells konnten die Mitarbeitenden ihre Arbeitszeit immer zu Beginn eines Monats frei wählen. Das half den Männern und ihren Familien während Corona dabei, Homeschooling, Krankheiten und Unsicherheiten bestmöglich abzufedern. Und es stärkte gleichzeitig den Zusammenhalt: »Wir haben unseren Mitarbeitern zugetraut und zugemutet, sich untereinander diese Flexibilität zu ermöglich.« So einfach kann Teambuilding sein – wenn man es ernst meint.

Nach Corona sind die Brandstädters intensiv in den Dialog mit der ganzen Belegschaft in Einzel- und Gruppensessions getreten, um herauszufinden: Welches Arbeitszeitmodell passt jetzt zu uns? Herausgekommen ist eine Viertagewoche mit 38 Stunden Wochenarbeitszeit und vollem Lohnausgleich. Das Angebot der flexiblen Arbeitszeitwahl bleibt bestehen. Was sich so einfach anhört, ist das Ergebnis eines intensiven und für alle Beteiligten herausfordernden Prozesses. Claudia und ihrem Mann war daran gelegen, die Stimmen aller Mitarbeitenden zu hören, in der Gruppe und in Einzelgesprächen. »Bei so einem sensiblen Thema wie Arbeitszeit war klar, dass wir nur ein tragfähiges Ergebnis erzielen, wenn alle die Chance haben, sich zu äußern, und gleichzeitig genug Zeit haben, sich eine Meinung zu bilden«, berichtet Claudia von den gemeinsamen Anstrengungen. Am Ende der Auseinandersetzung standen nicht nur ein Ergebnis, mit dem alle zufrieden sind, sondern auch gereifte Persönlichkeiten. Sie fügt noch hinzu: »Für uns alle in der Firma bieten sich durch diese Gespräche so viele Chancen, persönlich und als Team zu wachsen – es wäre doch schade, die nicht zu nutzen.«

Die Beispiele von Einhorn, Rheingans und E-koris zeigen die Bedeutung der gemeinsamen Auseinandersetzung mit den Fragen einer neuen Arbeitszeitgestaltung. Gerade weil es keine Blaupause gibt, kommt dem Prozess der Gestaltung eine hohe Bedeutung zu. Für größere Unternehmen, die nicht alle Mitarbeitenden aktiv einbinden können, bietet sich das Modell der Räte an, wie es beispielsweise bei Elobau zum Thema Gehalt existiert (siehe Kap. 2.1). Es geht nicht nur um ein gutes Ergebnis, eine schnelle Zielerreichung, es geht um einen guten und sicheren Weg dahin. Die Rahmenbedingungen abzustecken und den Weg zu gestalten, das ist die Aufgabe, vor der Unternehmer:innen heute stehen.

Selbstbestimmt über Zeit und Lebensgestaltung zu entscheiden, die Freiheit so zu leben, wie man es will, das ist die Definition von Zeitwohlstand, wie sie Friederike Habermann wählt.[22] Ein Zustand, der eintritt, wenn wir unsere Pflichten erledigt haben, so beschreibt es Hartmut Rosa.[23] Voraussetzung ist die Abwesenheit der heute in unserer Arbeitswelt gängigen Steigerungslogiken und von Konkurrenzdenken. Zeitwohlstand bedeutet, das Leben zu genießen, anstatt von Sach- und Leistungszwängen getrieben auf ein besseres Leben in der Zukunft hinzuarbeiten. Und es bedeutet auch: weniger arbeiten, dafür langsamer und bewusster leben für die einen und die Möglichkeit, überhaupt wieder an der Gesellschaft teilnehmen zu können, für andere.

Wir gleichen unser Tempo einander wieder an, um uns begegnen zu können. Eine Gesellschaft, in der alle mehr Sorge tragen – für sich, für Angehörige, für Bedürftige, privat oder ehrenamtlich organisiert –, ist eine Gesellschaft, die sich wieder Räume erobert, in denen Zeit nicht ständig unter einem Produktivitäts- und Effizienzzwang steht, sondern Resonanzerfahrungen möglich sind. »Wir wollen uns in der Welt spüren, uns die Welt zu eigen machen«, beschreibt Hartmut Rosa den Kern der Resonanz.[24] Resonanz basiert darauf, in Beziehung zu sein zu sich und zu anderen. Resonanz, nicht Entschleunigung, ist laut Hartmut Rosa die Antwort auf eine sich ständig steigernde und beschleunigende Umwelt.

In der Reduktion der Vollzeitnorm liegt auch der Schlüssel zu echter Geschlechtergerechtigkeit. Prof.

Dr. Johanna Wenckebach, wissenschaftliche Leiterin am Hugo Sinzheimer Institut für Arbeitsrecht der Hans-Böckler-Stiftung, spricht darüber, dass eine lange Vollzeit nicht vereinbar ist mit Sorgeverpflichtungen. »Die Vollzeitarbeit ist immer ein Modell gewesen, das eigentlich nur funktioniert, wenn [...] Sorgearbeit outgesourct ist.«[25] Eine kurze Vollzeit, die eine neue Norm schafft, also wirklich gesellschaftliche Veränderungen bewirkt, würde ein Ende dieser diskriminierenden Vollzeitnorm bedeuten. Darin sieht Prof. Dr. Wenckebach eine große Chance und macht auch noch einmal deutlich, dass es nicht um die Möglichkeit geht, Teilzeit zu arbeiten, sondern darum, das Konstrukt Vollzeit nicht ohne Sorgeverpflichtungen zu denken. Es verwundert also nicht, dass sich die feministische Ökonomie schon seit Jahren mit Arbeitszeitmodellen auseinandersetzt, die sich von Wachstum ab- und der Zeitumverteilung zuwenden.

Die Vier-in-Einem-Perspektive der Soziologin Frigga Haug etwa ist der Versuch, eine neue Perspektive auf Arbeitszeit zu entwickeln.[26] Angesichts des Verlusts von Arbeitsplätzen durch Produktivitätssteigerung und Digitalisierung sowie vor dem Hintergrund der ungerechten Verteilung und Bewertung von Reproduktionsarbeit, plädiert sie für ein neues Verhältnis von Lohnarbeit zu Sorge- bzw. Reproduktionsarbeit. Außerdem spricht sie sich für eine stärkere Gewichtung und Gleichverteilung von kultureller und politischer Arbeit aus. Im Kern dreht es sich um die beiden Fragen: Was wird als Arbeit betrachtet und was nicht? Und wie werden verschiedene als Arbeit verstandene

Tätigkeiten gesellschaftlich anerkannt und volkswirtschaftlich bewertet? Haug beschreibt vier Dimensionen menschlicher Tätigkeiten (und des Lebens), auf die jede:r Einzelne in etwa gleich verteilt seine Lebenszeit verwenden solle. Diese sind: Betätigungen im Erwerbsleben, in der Sorge um sich selbst und andere, in der eigenen Entwicklung und in der Politik.

Diese Perspektive setzt eine Abwendung vom »Immer mehr«-Muster voraus. Und das geht nicht ohne ein neues Zeitverständnis und ohne eine neue Zeitstruktur. Wir müssen verstehen, dass die lebens-, vielleicht überlebenswichtigen Bedürfnisse (Fürsorge, Resonanz, Beziehung …) nicht nachhaltig befriedigt werden können, solange wir sie einem wachstums- und effizienzorientierten Primat der Ökonomie unterwerfen.

Wir haben im Zuge unserer Recherche viele individuelle Beispiele dafür gefunden, wie das Nebeneinander von Care und Erwerb gut gelingen kann: Die Mitarbeiterin, die Arbeitszeit reduziert, um ehrenamtlich einen Chor zu betreuen, der Kollege, der freitags Seelsorge in der Gemeinde leistet und dies anlässlich Corona auf zwei Tage die Woche ausdehnt, oder die beiden jungen Teammitglieder, die nach der Arbeit ehrenamtlich an der Kasse ihres genossenschaftlichen Direktvermarktungssupermarkts stehen.

In der Generation Z engagiert sich inzwischen jede:r Zweite ehrenamtlich und reduziert hierfür immer häufiger unter Lohnverzicht die Arbeitszeit. Die Gen Z scheint das Primat der Erwerbsarbeit nachhaltig infrage zu stellen. Anders als es in der gesellschaftlichen Debatte manchmal dargestellt wird, ist diese

Generation nicht faul, es haben sich lediglich die Tätigkeitsbereiche und die Perspektive verschoben. »Ich weiß heute schon, dass ich es bei aller finanzieller Anstrengung nicht schaffen werde, ein Haus zu finanzieren. Das ändert meine Motive im Hinblick auf Job und Einkommen und Arbeitszeit«, erzählt uns ein jüngerer Kollege im Gespräch. Für ihn sind Teilzeit (noch ohne familiäre Verpflichtungen) und der Aufbau von Zeitguthaben für längere Abwesenheiten wichtiger als eine lineare Berufsbiografie und kontinuierliche Gehaltssteigerungen.

Die nachfolgenden Generationen leben uns also teilweise schon vor und fordern ein, was Arbeitswissenschaftler:innen und Soziolog:innen inzwischen bestätigen und Vertreter:innen der feministischen Ökonomie schon lange predigen: In einer Welt, in der die Vollzeitnorm berücksichtigt, dass jede:r noch andere gleichrangige Tätigkeiten zu verrichten hat, wäre Geschlechtergerechtigkeit möglich, würde die Care-Krise abgemildert. Der zerstörerische Kreislauf aus immer mehr Arbeit, um immer mehr zu konsumieren, könnte potenziell unterbrochen werden, wenn für fürsorgende Tätigkeiten und Bedürfnisse mehr Zeit bliebe.

3 Fürsorge statt Wachstum

Wir haben uns bisher mit der Frage beschäftigt, wie sich der Wert der *Fürsorge* in der Struktur und Gestaltung von Arbeit in den vorgestellten Unternehmen spiegelt. In diesem Kapitel möchten wir nun den Blick weiten:

Denn fürsorgende Unternehmen und eine fürsorgende Wirtschaft leben das Prinzip der Fürsorge nicht nur *nach innen*, sondern machen es auch zur Handlungsmaxime für die Gestaltung ihrer wirtschaftlichen Tätigkeiten *im Außen*. Eine fürsorgende Haltung gegenüber Natur und Umwelt hat zwangsläufig Auswirkung auf die Gestaltung der eigenen Marktaktivitäten: Mit welchen Produkten ist ein Unternehmen überhaupt auf dem Markt? Wie werden diese erzeugt? Damit rückt auch die Gretchenfrage einer globalisierten Wirtschaftsordnung ins Zentrum: »Sag, wie hältst du's mit dem Wachstum?« ist der Aspekt, der uns in diesem Abschnitt beschäftigt.

Eine fürsorgende Wirtschaft, die Verantwortung für Mensch, Gesellschaft und Welt übernimmt, schließt Externalisierungs- und Ausbeutungslogiken aus, also ein Wirtschaften auf Kosten anderer. Welche Antworten und alternativen Wege finden fürsorgende Unternehmen und wie gelingt es ihnen, aus der Dynamik aus Wachstumszwang, Profitsteigerung und Kostenexternalisierung auszusteigen?

Susanne Henkel, Geschäftsführerin der Richard Henkel GmbH, dreht an der Kamera ihres Computers, um uns am Blick aus dem Fenster ins wunderschöne Kochertal teilhaben zu lassen. »Wir schauen hier jeden Tag in diese tolle Natur«, eröffnet sie das Gespräch. Gemeinsam mit ihrem Bruder Kai führt sie das Unternehmen in dritter Generation. Die »Schönheit der Natur« ist nicht nur in unserem Gespräch, sondern auch für das Wirken des Unternehmer:innen-Tandems von jeher ein zentraler und sinnstiftender Bezugspunkt für unternehmerisches Handeln. Bekannt und geschätzt ist die Richard Henkel GmbH in der Branche für ihr innovatives Verfahren zur Metallbeschichtung und für die Herstellung von hochwertigen Stahlrohrmöbeln, die heute als Designklassiker gelten.

Wirklich Aufsehen erregte Susanne Henkel allerdings vor rund fünfzehn Jahren, als sie öffentlich bekanntgab, dass das Unternehmen nicht mehr wachsen *wolle*. »Wachstum«, der Begriff fällt sehr häufig in unserem Gespräch, aber Susanne und Kai Henkel haben eine ganz eigene Perspektive darauf entwickelt. »Inneres Wachstum« nennt es die Unternehmerin und meint damit die Stärkung von Ressourceneffizienz und kreislaufwirtschaftlichen Ansätzen in allen Bereichen des Unternehmens.

Bei Richard Henkel werden Stahl und andere Metalle bearbeitet – ein ressourcen- und energieintensives Geschäft. Stahl, der frisch beschichtet ist, muss nach dem Brennen gewaschen werden. Hierfür sind nicht nur große Mengen Wasser, sondern es ist auch viel Energie notwendig. Außerdem wird das Wasser bei der Reinigung der Metalle stark verschmutzt und muss aufwendig gefiltert werden. »Im Inneren wachsen« heißt, die Potenziale in der Produktion selbst zu heben. Susanne Henkel führt deshalb einen geschlossenen Wasserkreislauf ein. Eine betriebseigene Zisterne versorgt die Produktion mit Regenwasser. Mit diesen Maßnahmen wird der Wasserverbrauch des Unternehmens seit Jahren deutlich reduziert. Damit nicht genug, findet die umtriebige Unternehmerin auch bald eine

Lösung, um das Wasser aufzubereiten: Mithilfe eines Filtersystems, das aus der Milchindustrie stammt, gelingt es, das Wasser von Rückständen aus der Beschichtungsanlage optimal zu reinigen. »Unsere Öfen haben wir mit einer ganz speziellen Isolierung eingepackt«, erläutert uns Susanne Henkel zusätzlich. »Wir sparen Energie wie die Idioten«, sagt sie mit einem Lachen.

Das Dämmmaterial stammt aus der Reaktorforschung. Auf die Idee, damit die Öfen zu isolieren, kam Susanne Henkel im Gespräch mit anderen Unternehmer:innen. Für sie und ihren Bruder ist der Umbau zu einem nachhaltigen Unternehmen ein dauernder Lernprozess, der nur im Austausch gelingen kann: Sie sind hervorragend vernetzt, sprechen über ihre Ideen und ecken auch durchaus mal an. Susanne Henkel hört zu, um sich von anderen inspirieren zu lassen, und sie übersetzt vorhandene Lösungen, um ihre Mission ins Unternehmen zu bringen: »Was ich tue, um die Welt zu erhalten – das muss über allem stehen.«

Für Susanne und Kai Henkel war es ein Ereignis im Jahr 2009 während der Finanzkrise, das den Anlass gab, sich von der »Wachstumsideologie« zu lösen, wie sie heute oft unhinterfragt als Standard gesetzt wird. Ein Großkunde hatte damals kurzfristig sämtliche Verträge gekündigt. Kurz zuvor hatten sie unter großen Anstrengungen eine zusätzliche, dritte Schicht in der Produktion eingeführt. Die Schicht mussten sie wieder schließen. »Die Mitarbeitenden wollten wir nicht entlassen«, erzählt Susanne Henkel. »Wir haben sie in anderen Bereichen untergebracht und dort angelernt.« Das Ereignis hat Spuren hinterlassen und grundsätzliche Fragen aufgeworfen: Wie abhängig macht man sich im ständigen Wettkampf um Wachstum, Profit und Preiskampf eigentlich von anderen? Gibt es Möglichkeiten, aus dem Hamsterrad auszusteigen?

Es sind nicht nur die ständigen Wellenbewegungen des Marktes, denen das Unternehmen ausgesetzt ist, die den Henkels zu schaffen machen. Im Gespräch zeigt sich, dass sie damals auch mit der Kultur des Umgangs haderten, die der Wachstumskapitalismus mit sich bringt. Wirtschaften unter dem Primat eines »immer höher, schneller, weiter« verliert fast zwangsläufig sein menschliches Gesicht. Und in diesem Teufelskreis war die Firma gefangen.

Susanne Henkels moralisches Störgefühl war ein guter Kompass, denn der ehrliche Blick auf die Zahlen zeigte schnell, dass der Wachstumszwang in Wahrheit wenig Erträge bringt: »Mit der zweiten und dritten Schicht in der Produktion verdiente das Unternehmen weit weniger als mit der ersten«, erläutert sie. Als im Jahr 2009 dann der Großkunde von heute auf morgen ausfiel, beschloss Susanne Henkel, die Abhängigkeit von den Entscheidungen anderer zu reduzieren, und entschied, dass die Maschinen von nun an mit Feierabend stillstehen und nur noch in einer Schicht gearbeitet wird. Die Entscheidung ergibt für sie nicht nur betriebswirtschaftlich Sinn. Sie entspricht genauso Henkels Vorstellung einer ganzheitlich nachhaltigen, also lebensfreundlichen und -erhaltenden, Wirtschaftsweise: »Hier arbeiten ja Menschen«, sagt sie, »wo bleibt im Schichtdienst denn die Zeit für das Leben?«

Die Geschwister Henkel machen sich schon lange

keine Gedanken mehr über irgendwelche Umsatzziele oder Umsatzsteigerungen. Wichtig ist nur, »dass das Unternehmen ausreichend Gewinn erzielt, um faire Löhne zahlen zu können, ausreichend Rücklagen zu bilden und notwendige Investitionen zu tätigen«, so Henkel. Andere Unternehmen sollten sich diesen Ansatz des »inneren Wachstums« zu Herzen nehmen, findet sie. »Unternehmen sollten sich mehr auf die eigenen Strukturen konzentrieren und hier viel bewusster auf Verbesserungen gehen«, sagt sie. »Der Einkauf will immer nur über Preisverhandlungen einsparen. Dabei ist es wichtig, sich mit komplett neuen Verfahren zu beschäftigen.«

Was Henkel anspricht, sind die Externalisierungsmuster des Wachstumskapitalismus: Es ist eine Illusion zu glauben, dass Produkte oder Dienstleistungen immer noch ein bisschen billiger werden können, ohne dass an einer anderen Stelle jemand die Kosten dafür trägt. Billiger heißt in der Regel schmutziger, kurzlebiger und auf Kosten von Menschen, die für viel zu wenig Lohn unter viel zu schlechten Bedingungen arbeiten. Soziale und ökologische Kosten auslagern, das kommt für die Henkels nicht infrage: »Wir machen kein Umsatzwachstum auf Kosten der Mitarbeiter:innen und der Natur«, sagt die Geschäftsführerin.

Die Verpflichtung, für das unternehmerische Handeln Verantwortung zu übernehmen und Kosten in Form von Umweltzerstörung oder Ressourcenverschwendung nicht an die Gesellschaft abzuwälzen, war seit Unternehmensgründung zentral. Auch für den Großvater galt, dass die Produkte von hoher Qualität und Langlebigkeit geprägt sein sollten. Die Enkel Susanne und Kai Henkel entwickeln den Gründungsgeist stetig weiter, unter anderem, indem sie einen neuen Geschäftszweig auf- und ausbauen: die »lebenslange Produktbegleitung« ihrer Stahlrohrmöbel, wie es in der Unternehmenspräsentation heißt. Das Prinzip »reparieren statt kaufen« hat auch das Geschäftsmodell verändert: Reparatur und die Überarbeitung machen in der Möbelsparte einen beachtlichen Teil der eigentlichen Produktion aus. Susanne Henkel nennt das einen echten unternehmerischen Erfolg: »Der Umsatz ist geringer, doch die Wertschöpfung ist hoch.« Das Unternehmen wird unabhängiger von den unkalkulierbaren Kosten für Stahl, hat geringere Lagerkosten und produziert deutlich weniger Müll. Weniger Müll produzieren, weniger kurzfristiges Denken, weniger »nach mir die Sintflut« – das ist es, was Susanne Henkel und ihren Bruder antreibt. Sie haben eine klare Vorstellung von »genug« und setzen damit dem ungebremsten Wachstumsgedanken einen mentalen Endpunkt.

Als »Suffizienz« – oder, etwas alltagssprachlicher, »reparieren statt kaufen« – beschreibt die Fachwelt dieses Verhalten, welches das Umdenken weg von Steigerungslogiken hin zu Verzicht kennzeichnet. Nachhaltigkeitsexpert:innen und Postwachstumsökonom:innen sind sich einig, dass ein solches Umdenken ausschlaggebend ist, um ein Wirtschaften innerhalb der planetaren Grenzen überhaupt realisieren zu können.

Für die erfolgreiche Transformation hin zu einer nachhaltigen Gesellschaft braucht es neben Suffizienz auch die Strategien Effizienz und Konsistenz. Während Effizienz auf die bessere Nutzbarmachung von Ressourcen abzielt, geht Konsistenz einen Schritt weiter, indem darauf geachtet wird, Produkte und Technologien einzusetzen, die von Beginn an nachhaltig sind und das Ökosystem nutzen, anstatt es zu zerstören. Ökostrom, aber auch kreislaufwirtschaftliche kompostierbare T-Shirts, Tüten aus Maisstärke oder essbare Verpackungen sind typische Beispiele für Konsistenzstrategien. Doch es ist davon auszugehen, dass mit Effizienz- und Konsistenzstrategien allein der Austritt aus dem Wachstums-Hamsterrad nicht gelingen wird. Daher halten Expert:innen den letzten Schritt auf der »Nachhaltigkeitstreppe« für ausschlaggebend: Suffizienz.

Suffizienz leitet sich vom lateinischen Verb *sufficere* ab und wird mit »ausreichen« oder »begnügen« übersetzt. Das zeigt schon: Suffizienz zielt nicht auf technologische Lösungen oder Innovationen, sondern auf eine psychologische und verhaltensseitige Veränderung. »Suffiziente Lebensstile« beschreiben einen Sinneswandel hin zu einem »langsamer«, »näher«, »weniger« und »persönlicher«.[27] Die Erfahrung lehrt: Einsparungen bewirken allzu oft einen gegenteiligen Effekt, weil die Einsparung dazu verlockt, das »Gewonnene« wieder in neue Verwertungen zu stecken. Der Rebound-Effekt ist uns allen zutiefst vertraut: Dort, wo wir Kosten oder Zeit einsparen, geben wir Gleiches (oder noch viel mehr) an anderer Stelle wieder aus. Autos verbrauchen weniger Benzin, also werden sie größer und schwerer. Strom wird billiger, dann können wir verschwenderisch damit umgehen. Wir »gewinnen« Zeit, weil eine Maschine uns Arbeit abnimmt, also füllen wir diese Zeit mit neuen Aufgaben und Tätigkeiten – oder mit Konsum. Ein suffizienter, ein *genüg*samer Lebensstil wiederum beschreibt die Vorstellung von einem »Genug«, einem Endpunkt.

Klassische Geschäftsmodelle sind genau auf das Gegenteil ausgerichtet: Nachfrage erzeugen, Absatz generieren, größer werden, um billiger zu werden. »Geplante Obsoleszenz«, sprich das schnelle Veralten und »Sterben« von Produkten, ist die radikale Zuspitzung dieser Spirale. Doch sie kann durchbrochen werden, wie das Beispiel Richard Henkel GmbH zeigt. Eine Langlebigkeit der Produkte, die durch hochwertige Materialien und Verarbeitung sowie zusätzlich durch Reparaturangebote ermöglicht wird, gilt als ein zentraler Hebel suffizienzorientierter Geschäftsmodelle.[28] Auch deshalb kann man die Richard Henkel GmbH als Beispiel für ein Postwachstumsunternehmen begreifen. Für die Elobau GmbH ist es die nächste Stufe auf der Leiter: Auch hier findet inzwischen ein intensiver Austausch statt, wie das Thema Reparaturfähigkeit das Geschäftsmodell verändern könnte.

Die Autoren Harald Welzer und Bernd Sommer fordern in ihrem Buch *Transformationsdesign*, dass wir die Defizitperspektive, die mit Verzicht einhergeht, dringend überwinden müssen. Wir müssen wieder lernen, dass im Aufhören und im Weniger immer auch Freiheit und Befreiung liegen und dass uns Überkonsum einschränkt und nicht bereichert.[29] Produkte und Besitztümer nehmen unser Leben und unseren Alltag ein. Sie fressen unsere Zeit und unsere Aufmerksamkeit, denn sie wollen gekauft, benutzt, verstaut, gewartet, aussortiert und entsorgt werden. Konsum selbst wird zur *Arbeit*: Der Überfluss an Besitz und Konsumgütern hält uns inzwischen ebenso beschäftigt wie die Erwerbs- und Care-Arbeit.

Die Anhäufung von Privatbesitz und das Streben nach »immer mehr« macht uns nicht reicher. Auf dieser Erkenntnis basiert die Unternehmensform des Verantwortungseigentums, für die sich auch Michael Hetzer entschieden hat. Er beschreibt es als einen »total befreienden Moment«, als er die Elobau GmbH aus dem Familienbesitz herausgelöst und in Verantwortungseigentum überführt hat. Die Idee des Verantwortungseigentums steht für die Vorstellung von »genug«, wenn beispielsweise in der Satzung festgeschrieben wird, dass Gewinne nicht mehr entnommen werden dürfen. Auch dass das Unternehmen nicht mehr einer Person oder Familie gehört, sondern seine Anteile bei Menschen liegen, die mit dem Betrieb als Mitarbeitende verbunden sind, spiegelt diese Genügsamkeit. Gier und Profitstreben von Einzelnen – seien es Eigentümer:innen, Investor:innen oder Aktionär:innen – haben in diesem Konstrukt keinen Platz. Armin Steuernagel, Vordenker und politischer Aktivist für die Verbreitung der Idee des Verantwortungseigentums, geht so weit zu sagen, dass dieses Konzept den Wachstumszwang, der einem Wirtschaften innerhalb der planetaren Grenzen zuwiderläuft, sogar abschafft. Denn die Form stellt den Zweck eines Betriebs ins Zentrum und nicht die Befriedigung der Bedürfnisse Einzelner nach Gewinnmaximierung.

Dass dies zu einer nachhaltigeren Art des Wirtschaftens führt, lässt sich mit Daten aus Dänemark belegen. Hier ist das Eigentumskonstrukt deutlich verbreiteter. Beim ESG-Scoring, also der Bewertung von ökologischen und sozialen Aspekten sowie der Unternehmensführung, schneiden Betriebe im Verantwortungseigentum besser ab als alle anderen. Damit schafft die Unternehmensform »die besten Bedingungen für gesellschaftliches Verhalten«, sagt Steuernagel im Interview mit der *Zeit*.[30] So sehen auch die Gründer von Einhorn Products ihre Mission: »Unternehmen sollen nicht Teil des Problems, sondern Teil der Lösung sein.« Es ist die Überzeugung, dass gutes Wirtschaften innerhalb der planetaren Grenzen stattfinden kann und muss, die unsere Interviewpartner:innen antreibt.

Damit ist die Haltung, die diesem Wirtschaften zugrunde liegt, im Kern eine *fürsorgende*: Unternehmer:innen, die diesem Weg folgen, entwickeln eine Reihe von Lösungen und Strategien, um dem entgegenzuwirken, was wir einleitend als dominanzgeprägte und patriarchale Ordnung beschrieben haben. Im Zentrum dieser Ordnung steht ein Über- und Unterordnungsverhältnis, dass die Ausbeutung von menschlichen und natürlichen Ressourcen und die Auslagerung von Kosten für Schäden, die dadurch entstehen, erst möglich macht. Und am Ende stehen viel zu oft private Gewinne.

»Es gibt keine Blaupausen«, ist eine Aussage, die uns in unseren Interviews immer wieder begegnet, wenn wir danach fragen, wie die Transformation hin zu einer fürsorgenden Wirtschaft gelingt. Die Unternehmen werden selbst zum Experimentierfeld.

Einhorn Products hat sich etwa einen eigenen Standard gesetzt, den sie mit der Wortneuschöpfung »Fairstainability« beschreiben – das Wort ist eine Verschmelzung aus »fair« und »sustainability«, also Nachhaltigkeit, und beschreibt sozial faires und ökologisch nachhaltiges Wirtschaften. Sie haben den Anspruch, Fairstainability entlang der gesamten Lieferkette umzusetzen. »Wir haben eine Person im Unternehmen, die ausschließlich dafür verantwortlich ist und die gesamte Lieferkette überwacht«, erklärt Markus. Wer Kondome produziert, benötigt Kautschuk, und deshalb beginnt Fairstainability für Einhorn auch am anderen Ende der Welt: In Malaysia etablierten die Gründer von Einhorn die erste Biolatex-Plantage, fünfzig Prozent des Profits spenden sie an gemeinnützige Projekte und reinvestieren in Forschung, Produktentwicklung und Nachhaltigkeitsprojekte auf den Plantagen, unter anderem, um die Biodiversität zu erhalten. »Den Lieferant:innen zahlen wir Premium-Preise«, ergänzt Markus.

Auch der Versandhandel Waschbär hat von Beginn an den Unternehmenszweck festgelegt, mit den eigenen Produkten Nachhaltigkeit zu stärken: »Waschbär hat es sich zur Aufgabe gemacht, unseren Planeten durch das Angebot von umweltgerechten und sozial verantwortungsvollen Produkten zu schützen«, formuliert es das Unternehmen selbst. Die Umwandlung der Unternehmensform von Waschbär in Verantwortungseigentum hat nicht nur viele interne Strukturen und die Kultur der Zusammenarbeit auf den Kopf gestellt. »Auch die

Fragen ›Wie wollen wir wachsen? Was ist uns wichtig?‹ haben wir noch mal neu gestellt«, erzählt Katharina Hupfer. Sie haben sich für den Pfad des »qualitativen Wachstums« entschieden. »Wir wollen weniger, dafür bessere und wirklich nachhaltige Produkte anbieten«, erläutert die Geschäftsführerin. »Das bringt es mit sich, dass wir mehr Einfluss nehmen auf die Gestaltung und dass wir die Lieferkette mehr im Blick haben, uns mehr mit unseren Lieferant:innen austauschen. Mithilfe von Partnerschaften investieren wir gemeinsam in die Entwicklung nachhaltiger Ideen.«

Die Elobau GmbH kann ebenfalls eine lange Liste an Maßnahmen vorweisen, die das Unternehmen zu einem ökologisch nachhaltigen machen. Dass Elobau bereits seit 2010 klimaneutral ist, ist Michael im Gespräch nur eine Randbemerkung wert. »Inzwischen haben wir eine Firma ausgegründet, die andere Unternehmen in Fragen der Nachhaltigkeit berät«, erzählt er uns. Hier geben sie ihr Wissen und ihre Expertise weiter, die sie sich über viele Jahre erarbeitet haben. Gedanklich ist Michael schon beim nächsten Schritt: Das Thema Kreislaufwirtschaft beschäftigt ihn, und es ist ihm anzumerken, wie bedeutsam es für ihn ist. »Das möchte ich noch in der Firma etablieren«, sagt er.

Zwischen den Zeilen ist zu hören, dass es ihn einiges an Überzeugungskraft im Unternehmen gekostet hat, bis er das Thema platzieren konnte. »Aber jetzt haben wir sogar einen eigenen Bereich, der sich damit auseinandersetzt«, sagt er. Das Unternehmen als Experimentierfeld zu verstehen, ist ein Motiv, das uns in den Gesprächen mit den Interviewpartner:innen immer wieder begegnet. Wer vorangeht, wer den Mut hat, Neues auszuprobieren und Altes infrage zu stellen, stößt unweigerlich auf Widerstände.

Michael ist Gegenwind gewohnt, wenn er Vorträge in anderen Firmen oder auf Konferenzen hält. Er kann inzwischen sicher sein, dass jemand einwendet: »Wir als Unternehmen können uns Nachhaltigkeit nicht leisten.« Im Gespräch mit uns winkt er gleich ab: »Dass man sich Nachhaltigkeit nicht leisten kann – das stimmt einfach nicht«, sagt er. »Im Prinzip ist alles betriebswirtschaftlich rechenbar.« Entscheidend sei, »dass man bereit ist, auch ein bisschen länger zu warten«.

Da begegnet sie uns wieder, die Genügsamkeit – eine bedeutende Tugend in einer Welt, in der Glück und das gute Leben mit Wachstum und Steigerung gemessen werden. In der beschleunigten Gegenwart steht »das Zeitproblem [...] im Zentrum der Wachstumsproblematik«, schreibt der Soziologe Hartmut Rosa in seiner Resonanztheorie.[31] Durch »Beschleunigung und Zeitknappheit« verlieren wir zunehmend den Kontakt und die Beziehung zur Welt: »zur Natur, zu unserer Arbeit, zu unseren Mitmenschen und zu unserem eigenen Körper.«[32] Den Dingen Zeit geben, Geduld und auch Genügsamkeit, also das Wissen um das »richtige Maß« an den Tag legen, sind die Leitplanken, innerhalb derer ein anderes Verständnis von Wachstum gedeihen kann. »Wachstum sehen wir als Ergebnis unseres Handelns, aber nicht als Ziel per se«, heißt es etwa bei Elobau.

Lasse Rheingans, der Pionier der 25-Stunden-Woche, hat als Gründer und Inhaber eines Beratungsunternehmens eine provokante Haltung zum Thema Wachstum: In einem extrem erfolgreichen Geschäftsjahr entschied er sich, ein Umsatzlimit zu setzen. »Wir haben damals dreißig Prozent Umsatzrendite gemacht«, erzählt uns Lasse. »Das ist wirklich viel Geld, was da am Ende übrig bleibt.« Was andere Unternehmer:innen freuen würde, stimmte ihn nachdenklich: »Das ist nicht richtig, so viel Gewinn zu machen. Auch wenn wir ihn damals an die Mitarbeitenden ausgeschüttet haben.« Ihm ist klar: Bei solchen Zahlen bleibt irgendwo etwas auf der Strecke. In seinem Fall war es ein Mitarbeiter, der immer wieder über seine Grenzen ging. Das wollte Lasse nicht länger hinnehmen: »Als Führungskraft haben wir eine Verantwortung. Das ist Fürsorge!« Und so wuchs in ihm die Idee des Umsatzlimits: »Wie cool ist das«, sagt er, »wenn wir uns einfach sagen: ›Hey, wir haben jetzt x Prozent Umsatz. Diesen Monat machen wir keinen Workshop mehr.‹« Und er weiß, dass er damit provoziert: »Jeder Unternehmer da draußen sagt dir: ›Du bist bescheuert!‹« Lasse bleibt dabei: Er findet, dass in der Begrenzung viel mehr Freiheit und eben auch Gewinn liegen als in der unendlichen Steigerung.

»Der Abfuck-Kapitalismus hat uns doch dahingebracht, wo wir gerade stecken«, ergänzt er. Die gesellschaftliche Spaltung, die wir erleben, steht für den Unternehmer in einem klaren Zusammenhang mit exorbitanten Gewinnen auf der einen Seite und Menschen, die ausbrennen oder abgehängt werden, auf der anderen. Egal, ob es die Begrenzung des Arbeitstages oder des Umsatzes ist, Limitierung gibt Orientierung. »Denn ganz ehrlich: Wir können immer mehr arbeiten, wir können auch rund um die Uhr arbeiten. Ich könnte fünf Jahre durcharbeiten, und ich hätte meine To-do-Liste immer noch nicht fertig.« Die Lösung, um aus diesem »immer mehr« auszusteigen, ist die (selbst-)kritische Auseinandersetzung mit der Frage: *Wann ist es eigentlich genug?*

Einhorn Products hat zwar kein Umsatzlimit, setzt sich aber auch keine Ziele. Markus erzählt uns: »Bei Einhorn gibt es keine Leistungskennzahlen. Wir setzen uns auch kein Wachstumsziel zu Jahresbeginn. Der Umsatz war in den letzten Jahren stabil, und das funktioniert.« Das laute, schrille Auftreten von Einhorn – hier ein Witz und da ein Wortspiel – könnte darüber hinwegtäuschen, dass es auch ein Unternehmen ist, das am Markt bestehen muss. Dabei zeigt das Start-up: Auch ohne harte Kennzahlen oder steile Wachstumsziele meinen sie das, was sie tun, absolut ernst.

Den Betrieben, die hier vorgestellt wurden, geht es nicht darum, Wachstum per se zu verteufeln. Es geht darum, das Offensichtliche infrage zu stellen: *Welches Wachstum wollen wir überhaupt?*

Es ist erstaunlich, wie beharrlich und hartnäckig wir an einem Wachstumsverständnis festhalten, das höchst undifferenziert und pauschal ist. Es ist ein Missverständnis zu glauben, das Bruttoinlandsprodukt (BIP), der Heilige Gral des Kapitalismus, messe den Wohlstand einer Gesellschaft. Er ist lediglich ein Indikator für Geldumsätze, nicht aber für wünschenswertes Wachstum. Verkehrsunfälle tragen zum BIP-Wachstum ebenso bei wie der Verkauf von lebensgefährdenden Produkten.

Diese eingeschränkte Perspektive des BIP ist lange bekannt und wird immer wieder von Expert:innen kritisiert: 2018 appellierten über zweihundert Wissenschaftler:innen an die Europäische Kommission, das BIP-Wachstum aufzugeben und sich bei der Bemessung stattdessen stärker auf Mensch und Umwelt zu konzentrieren. Die ökologische Stabilität sollte ebenso abgebildet werden wie das Wohlergehen der Bevölkerung.[33] Die Idee eines »Wachstums, das auch Wohlbefinden generiert«, wie es die Transformationsforscherin Maja Göpel formuliert,[34] wäre der Anfang eines Perspektivwechsels. Nicht mehr die Frage nach dem »wie viel Wachstum« würde im Zentrum stehen, sondern es würde eine gesellschaftliche Auseinandersetzung angestoßen mit den Fragen: *Was* soll wachsen? *Wie* soll es wachsen?

Die zunehmende Bedrohung durch den menschengemachten Klimawandel und durch zahlreiche andere Umweltkatastrophen wie den Verlust der Biodiversität oder die Verschmutzung der Weltmeere zwingen vor allem die westlichen Nationen als Hauptverursacher dazu, diese Fragen zu beantworten. In diesem Zusammenhang hantieren wir häufig mit Kennzahlen und setzen auf technologische Innovationen. All das sind wichtige Orientierungspunkte für das Gelingen der sozial-ökologischen Transformation. Was unsere Beispiele jedoch zeigen, und was gleichzeitig in der öffentlichen Debatte häufig eine viel zu geringe Rolle spielt, ist die Bedeutung der kulturellen Infrastruktur für das Gelingen einer solchen Transformation.

Die Unternehmen, mit denen wir gesprochen haben, werden von der Vision und Vorstellung einer Wirtschaftsordnung getragen, die auf Respekt, Verantwortung und einen gemeinsamen Gewinn durch gemeinsames Wachsen ausgerichtet ist. Die Fürsorgeverantwortung für Mensch, Gesellschaft und Welt wird nicht länger ins Private oder den politischen Raum ausgelagert, sondern bildet den Ausgangspunkt für die Gestaltung von Welt. Die hier vorgestellten Unternehmen finden neue, innovative Lösungen, Kreativität kann gedeihen, weil in der Abwesenheit von dominanzgeprägten Beziehungen auch Verlust- und andere Ängste überwunden werden. Die Unternehmen weisen auch deshalb ein hohes Maß an transformativen Fähigkeiten auf, weil sie in der Lage sind, partnerschaftliche Beziehungen und Netzwerke aufzubauen, und weil sie im ständigen Austausch sind. Ihr Weg ist ein Lernweg: Sie erkunden unbekanntes Terrain, finden eigene Wege und betrachten das Unternehmen als nie »fertig«, sondern als beharrlich in seiner Reife *wachsend*.

Die Transformation hin zu einer nachhaltigen Wirtschaft ist damit im Kern eine kulturelle Revolution, die das Prinzip der *Fürsorge* für Mensch, Gemeinschaft und Planeten an den Anfang stellt. Der Nachhaltigkeit von Produkten, Dienstleistungen und Geschäftsmodellen geht also eine fürsorgende Praxis voraus.

Kapitel 3

Sorgt euch! Aufbruch in eine care-sensible Gesellschaft

1 Caring Companies gestalten

Es gibt keine Blaupause für den Weg in die Arbeits- und Wirtschaftswelt von morgen. Es ist ein Prozess, Ausgang offen. Unsere Interviewpartner:innen waren sich jedoch einig darin, dass tiefgreifende Veränderungen bevorstehen. Sie alle haben begonnen, die Transformation mitzugestalten, und keine:r hatte den Eindruck, schon fertig zu sein – oder überhaupt fertig zu werden. Was es braucht, um sich auf den Weg zu machen? Mut, Ideen, Begeisterung und Kraft.

Für unsere Gespräche haben wir bewusst Unternehmen ausgewählt, die hinsichtlich Größe, Alter und Branche unterschiedlich sind. Es ist nicht unser Ziel, empirische Evidenz zu erzeugen. Dennoch können wir, bei aller Individualität der Fälle, sieben Handlungsfelder identifizieren, die für den Wandel hin zu einem fürsorgenden Unternehmen, einer Caring Company, bedeutend sind. Die nachfolgende Darstellung der Handlungsfelder stellt keine Rangfolge dar. Alle Aspekte sind für sich genommen relevant und ergeben im

Zusammenspiel die Veränderung. Sie sind Türöffner in das Neue, und sie bieten die Möglichkeit, eine eigene Geschichte der Transformation zu schreiben und den Weg zu strukturieren. Als Handlungsfelder geben sie keine konkreten Antworten vor, sondern setzen Impulse und öffnen Räume zum kreativen Weiterdenken. Denn experimentieren und das Offensichtliche infrage stellen ist – wie uns die verschiedenen Erzählungen gezeigt haben – wichtiger als fertige Antworten und feste Abläufe.

Eigentum

Was soll uns gehören, wenn uns nichts gehört? Warum gehört alles irgendwem und selten sich selbst? Warum gehört wenigen so viel und vielen so wenig? Wie würde Wirtschaft aussehen, wenn Unternehmen nicht mehr dafür da sind, die Taschen Einzelner vollzumachen auf Kosten vieler?

Große Unternehmen wie BOSCH, ZEISS und ZF Friedrichshafen haben es vorgemacht und gehören sich schon seit Jahrzehnten selbst. Auch einige Mittelständler und zunehmend innovative Start-ups entscheiden, dass ihr Unternehmen nicht veräußerbar und kein Spekulationsgut sein soll. Sie wählen das Verantwortungseigentum. In Deutschland ist eine neue entsprechende Rechtsform noch für die Legislaturperiode bis Herbst 2025 angekündigt.

Verantwortungseigentum stellt sicher, dass die Eigenständigkeit und die Unternehmensverantwortung an Personen geknüpft sind, die für das Unternehmen langfristig verantwortlich sind. In der Unternehmensverfassung ist der jeweilige Unternehmenszweck festgeschrieben. Eine unabhängige Unternehmensführung wird durch treuhänderische Eigentümer:innen ausgeübt: Werte- und Fähigkeitsverwandtschaft statt Blutsverwandtschaft. Es gibt keine automatische Vererbung der Stimmrechte, und die Stimmrechte können nicht als Spekulationsgut gehandelt werden. Die Verantwortungseigentümer:innen übernehmen die unternehmerische Verantwortung für das Handeln, die Werte und das Vermächtnis des Unternehmens.

Wir haben mit Michael Hetzer von Elobau darüber gesprochen, der von seinem Sohn den schweren Rucksack der Unternehmensnachfolge genommen hat. Mit Markus Wörner von Einhorn Products, für den die Überführung von Einhorn in Verantwortungseigentum nur die logische Konsequenz für den Unternehmens-Purpose, sozial gerecht und ökologisch nachhaltig zu wirtschaften, war. Und mit Katharina Hupfer, die als Geschäftsführerin von Waschbär das Unternehmen führen kann, ohne sich den kurzfristigen Gewinnmaximierungsinteressen von Investoren unterordnen zu müssen. Sie hat auch Geldgeber: »Aber die sind anständig. Es sind unsere Partner.«

Unternehmen in Verantwortungseigentum geben ihrer Werte- und Zweckorientierung – und damit auch ihrer Care-Orientierung – einen Rahmen. Care-orientiert sind sie schon deshalb, weil Unternehmen in Verantwortungseigentum gegenüber ihren Mitarbeitenden verpflichtet sind und nicht gegenüber Investor:innen oder Eigentümer:innen, für die der größtmögliche Gewinn erwirtschaftet werden muss. »Damit können wir uns langfristig dem eigentlichen Sinn und Zweck des Unternehmens widmen«, sagt Katharina.

Mit dieser strukturellen Entscheidung entsteht ein verlässlicher Raum für eine nachhaltig fürsorgliche Kultur im Unternehmen, unter den Mitarbeitenden und nach außen.

Gehalt

Patriarchale Systeme, die auf Über- und Unterordnung basieren, um Kontrolle, Macht und im Zweifelsfall Zwang auszuüben, müssen Wege finden, diese Ungleichheit zu transportieren. Gehaltsstrukturen und Bonussysteme dienen oft genau dazu. Sie befeuern den internen Wettbewerb und das Konkurrenzdenken, markieren Differenzen und befördern nicht selten eine Kultur von Missgunst, Neid und Misstrauen.

Die Art, wie Gehälter strukturiert sind, ist ebenfalls ein Aspekt von Care – aus zweierlei Perspektiven: Zum einen kann die Gehaltsstruktur die Care-Verantwortung von Mitarbeitenden berücksichtigen, eine Einstufung also jenseits von klassischen Größen wie Erfahrung und Ausbildung erfolgen. Einhorn ist diesen Weg gegangen. Daneben führt eine vollständige Transparenz über Gehälter oder die Verantwortung der Mitarbeitenden, Gehälter untereinander fair zu verhandeln, zur Überwindung der patriarchalen Ordnung von Arbeit. Wenn Mitarbeitende wissen, wie groß der »Kuchen« ist, der verteilt wird, und sie gemeinsam Verantwortung für die Verteilung übernehmen, müssen sie miteinander in den Austausch gehen, also in eine offene, ehrliche und reife Form der Kommunikation. Solche Auseinandersetzungen haben einen enormen Einfluss auf die Kultur des Unternehmens – weg von einer dominanzgeprägten, hin zu einer fürsorgenden, partnerschaftlichen Kultur.

Diese Aushandlungsprozesse waren immer wieder Thema in unseren Gesprächen. Sie scheinen den Kern zu bilden in Unternehmen, die Arbeit neu organisieren und Gehalt nicht mehr ausschließlich an individueller Leistungsfähigkeit festmachen wollen. Es geht darum, gemeinschaftlich Verantwortung zu übernehmen und die Mitarbeitenden auch gemeinschaftlich am Gewinn zu beteiligen, wie es der Fall Elobau gezeigt hat.

Gleichzeitig geht es auch darum, die Einzelnen in ihren Bedürfnissen und ihrer Lebenssituation zu sehen: Einhorn hat das in seinem Gehaltssystem abgesichert; Susanne Henkel geht mit ihren Mitarbeitenden ins Gespräch, um zu erfahren, ob es Handlungsbedarf gibt und wie es den Menschen in ihrem Unternehmen geht, denn vom »Gehalt muss man auch gut leben können«.

Arbeitszeit

Care braucht Zeit. Deshalb müssen wir, wenn wir über Maßnahmen nachdenken, die eine fürsorgende Wirtschaft und Gesellschaft möglich und wahrscheinlich machen, auch die »heilige Kuh« der Vierzig-Stunden-Woche hinterfragen – und vielleicht auch einfach mal schlachten. Seit einiger Zeit scheint sich eine Art kollektive Erschöpfung unter Arbeitnehmenden breitzumachen, was in Anbetracht von Pandemie, Kriegs- und Krisenzuständen und einer anhaltenden Verdichtung von Arbeit wenig überrascht.

Das Institut für Arbeitsmarkt- und Berufsforschung (IAB) hat bereits 2021 im Rahmen einer Studie herausgefunden, dass die Mehrheit der Vollzeitbeschäftigten gerne kürzer arbeiten würde. Demnach wollen 49 Prozent der befragten Frauen und 58 Prozent der Männer gerne ihre Arbeitszeit reduzieren.[1] Ein zentraler Grund hierfür ist der Wunsch, mehr Zeit mit der Familie verbringen zu können. Es muss auch bis heute überraschen, dass das Vordringen von immer mehr Frauen und Müttern auf den Arbeitsmarkt keine entsprechende Gegenbewegung ausgelöst hat, also mehr Männer, die einen relevanten Anteil ihrer Arbeitszeit zu Hause mit Care-Tätigkeiten verbringen. Die Zeit ist mehr als reif. Gleichberechtigung funktioniert nicht, wenn sich nur ein Teil gleich berechtigt.

Die Reduktion von Arbeitszeit ist also ein entscheidender Hebel für mehr Geschlechtergerechtigkeit. Sie trägt auch zur Gesundheit der Mitarbeitenden bei, wie Studien belegen und wie es von unseren Interviewpartner:innen bestätigt wurde. Claudia Brandstädter von E-koris berichtete sogar, dass sich die Krankheitstage in ihrer Belegschaft halbiert haben. Die Frage, in welchem Umfang Arbeitszeitverkürzungen einen positiven Klimaeffekt haben, kann heute nicht final geklärt werden. Doch es ist davon auszugehen, dass sich neue Potenziale ergeben, nachhaltige und suffizienzorientierte Lebensstile zu fördern. Flächendeckende Arbeitszeitreduzierungen können den dringend notwendigen sozial-ökologischen gesellschaftlichen Wandel zumindest stimulieren, wie aus einer Studie des Umweltbundesamtes hervorgeht.[2] Die gegenteilige Annahme, dass mehr Freizeit automatisch zu mehr Konsum führe, wie wirtschaftsnahe Vertreter:innen häufig argumentieren, lässt sich zum gegenwärtigen Zeitpunkt zumindest nicht bestätigen. Was wir aber bereits wissen: Nicht freie Zeit, sondern vor allem Stress erhöht unser Konsumverhalten.

Was unsere Fälle auch deutlich zeigen: Eine Reduktion und Flexibilisierung von Arbeitszeit bei *vollem* Lohnausgleich – also die Festlegung einer neuen Vollzeit – muss immer kontextabhängig gedacht werden. Die Ausgestaltung ist stark von der Branche und dem Geschäftsmodell abhängig. Während kreative Wissensarbeiter:innen unter Umständen produktiver in 32 anstatt vierzig Stunden pro Woche sein können, stehen zum Beispiel Pflegeeinrichtungen und Supermärkte vor der Herausforderung, dass immer jemand da sein muss. In Produktionsunternehmen überdenkt man mittlerweile Schichtmodelle. Maschinen abschalten, nur noch in der Tagschicht produzieren und auf Umsätze verzichten? Keine Utopie mehr, wenn Mittelständler inneres Wachstum anstreben, wie es die Richard Henkel GmbH vormacht: Seit Jahren wird hier nur noch in einer Schicht produziert. Auch der Maschinenbauer Elobau strebt das Ziel an, auf eine Schicht zu reduzieren.

Die Diskussion um eine Arbeitszeitreduktion, auch das zeigen die Fälle, ist aufs Engste mit unserem Wohlstandsbegriff verknüpft. »Ist Zeit der bessere Indikator für Wohlstand als Geld?« haben wir in Kapitel 2.2

gefragt. Sowohl als auch, wäre die angemessene Antwort, denn es wäre naiv zu glauben, dass es für ein gutes Leben nicht auch ein auskömmliches Einkommen braucht. Dennoch: Die Fokussierung auf einen BIP-orientierten Wohlstandsbegriff verschleiert, dass der Mensch mehr ist als das erwerbsarbeitende Zahnrad in einer prosperierenden Wirtschaftsmaschine. Die gesellschaftliche Debatte um mehr Zeitwohlstand ist längst überfällig. In ihrem Zentrum muss die Frage stehen: *Welchen Wohlstand wollen wir?*

Wachstum neu denken

Viele der Care-Pionier:innen, mit denen wir gesprochen haben, verzichten auf Superlative in ihren Unternehmensstrategien. Es geht nicht mehr um die Marktführerschaft, um Absatz- und Umsatzsteigerung. Denn klar ist: Ungebändigtes Wachstum ohne Ausbeutung ist eine Illusion. Irgendwer zahlt immer die Kosten. »Wär' ich nicht arm, wärst Du nicht reich«, brachte es schon vor einhundert Jahren Bertolt Brecht[3] auf eine simple Formel. Subtraktiv zu denken, schlägt uns der Arbeitsforscher Hans Rusinek vor.[4] Warum optimieren wir heute immer, indem wir etwas hinzufügen? Wir wissen um die Begrenztheit von Ressourcen. Da scheint die Strategie des Weglassens intuitiver und vernünftiger als die eines ständigen Hinzufügens.

Firmen, die das Konzept des Post- oder Nullwachstums für sich als handlungsleitend anerkannt haben, stehen deshalb aber nicht still. Sie setzen auf inneres Wachstum, auf Stabilität und damit auf die Fähigkeit, unsicheren äußeren Umständen und Entwicklungen eine Stärke aus sich selbst heraus entgegenzusetzen. Stark sind sie auch deshalb, das hat insbesondere der Fall Richard Henkel gezeigt, weil sie sich von einem blinden Wachstumsdogma nicht mehr antreiben lassen. Neues, nachhaltiges und fürsorgeorientiertes Wirtschaften setzt nicht nur auf effizientere Prozesse und Energieeinsparungen, auf geschlossene Stoffkreisläufe und nachhaltige Energiequellen. Es setzt den geläufigen Wachstumsvorstellungen die Vorstellung eines Lebensstils entgegen, der genau deshalb lebenserhaltend und lebensdienlich ist, weil er Grenzen kennt.

Wer nicht um jeden Preis wachsen muss, kann dominanzgeprägte Handlungsweisen wie Rücksichtslosigkeit, Gier und Egoismus, also einen Mangel an Fürsorge, hinter sich lassen. In unseren Gesprächen hat sich gezeigt: In der Begrenzung wohnt ein erstrebenswerter Zustand namens Genügsamkeit, und der ist weit entfernt von Gefühlen wie Einschränkung, Verzicht oder Mangel.

Verantwortung für Welt und Umwelt

Care-sensible Unternehmen übernehmen Verantwortung – und zwar nicht nur für ihre Mitarbeitenden, sondern darüber hinaus für die (Um-)Welt. Das Infragestellen unseres heutigen Wachstumsverständnisses geht bei Caring Companies deshalb auch immer einher mit einer ökologisch nachhaltigen Ausrichtung auf sämtlichen Ebenen: Waschbär und Einhorn Products setzen in ihren Produkten auf eine ökologisch und sozial nachhaltige Produktion entlang der gesamten Lieferkette. Henkel hat als Stahlunternehmen kreative Lösungen gefunden, um einerseits den hohen Energieaufwand in der Produktion zu reduzieren, andererseits die Langlebigkeit der Möbel selbst zu erhöhen, indem Reparatur statt Produktion in den Vordergrund rückt. Elobau ist inzwischen klimapositiv und überwacht den eigenen ökologischen und sozialen Fortschritt über den Nachhaltigkeitsbericht hinaus mit einer regelmäßig erfassten Gemeinwohlbilanz. Auch hier erzielt das Unternehmen extrem gute Ergebnisse.

Unsere Fälle zeigen: Eine Ausrichtung des Unternehmens auf nachhaltige Wirtschaftsweisen muss ganzheitlich gedacht werden. Es geht um mehr als Kennzahlen. In dem viel zu oft technokratischen Blick auf Nachhaltigkeitsmaßnahmen entsteht eine Lücke, wenn Care, also die Sorge um Mensch, Gesellschaft und Welt, nicht mitgedacht wird. Und in dieser Lücke leisten Menschen unbezahlte Care-Arbeit, tragen die Last von Sorge für andere. Im Schatten unseres Bruttoinlandprodukts leisten Menschen unentgeltlich Arbeit, die sich bis heute in keiner wirtschaftlichen Kennzahl niederschlägt. In dieser Logik werden Unternehmen als wirtschaftliche, nicht aber als gesellschaftliche Akteure betrachtet. Verantwortung für Welt und Umwelt zu übernehmen, bedeutet das Wohl aller Menschen heute und das Wohl zukünftiger Generationen im Blick zu behalten. Es geht um eine sozial-ökologische Transformation, in der Care als menschliches Grundbedürfnis zum Ausgangspunkt der Gestaltung von Wirtschaft und Arbeit gemacht wird.

Was wäre, wenn wir Care konsequent als die Vielfalt menschlicher Sorge- und Fürsorgetätigkeiten denken und verstehen würden? Welche Folgen hätte es für unsere Zusammenarbeit, wenn wir Care nicht mehr nur auf das Kümmern um die eigenen Kinder reduzierten, sondern jede:r im Unternehmen als (für-)sorgendes Wesen wahrgenommen würde – auf seine oder ihre eigene Weise?

Insbesondere die Vereinbarkeitsdebatte zeigt, dass unsere Vorstellung von Care geprägt ist von einem heteronormativen Familienbild[5] – bereits alleinerziehende Eltern fallen hier durchs Raster. Immerhin: Langsam weitet sich das Verständnis, pflegende Angehörige kommen in den Blick. Wenn wir über Care-Sensibilität in Unternehmen sprechen, sollten wir uns auf *alle* Dimensionen von Fürsorge beziehen.

Und wir sollten anerkennen, dass sich Lebensmodelle vervielfältigen: Nicht jeder Mensch hat oder wünscht sich Kinder. Menschen finden andere Wege, um dem Bedürfnis nach Fürsorge einen Platz zu geben. Es ist davon auszugehen, dass sich Care-Verantwortlichkeiten in Zukunft noch stärker diversifizieren werden, weil sich die »binäre Weltordnung« auflöst, die immer nur ein patriarchales Konstrukt war. Die Mitarbeiterin, die in Elternzeit geht, weil ihre beste Freundin sich für eine Solo-Mutterschaft entschieden hat? Das ist Care. Der Kollege, der seine Arbeitszeit komplett frei einteilt, weil er ehrenamtlich in einer Krisenunterkunft für Jugendliche arbeitet? Der Mitarbeiter der Firma E-koris, der die Viertagewoche um einen weiteren Tag reduzierte, weil er für seine ehrenamtliche Tätigkeit als Seelsorger in der Gemeinde mehr Zeit haben wollte? Auch das ist Care. Care hat viele Gesichter, und eine Wirtschaft, die dieser Vielfalt Raum gibt, ist eine fürsorgende.

Solche und andere Care-Tätigkeiten zu ermöglichen und auch rechtlich abzusichern, obliegt nicht ausschließlich dem Entscheidungsspielraum von Unternehmen. Es braucht auch politische Regulierung. Dennoch gibt es bereits viele Möglichkeiten, wie auch das Beispiel Einhorn Products zeigt: Zahlreiche Maßnahmen führen dazu, dass Mitarbeitende die Freiheit haben, dem Bedürfnis nach Care nachzukommen – ohne Begründungs- und Rechtfertigungszwang.

Hier gibt es noch viel gedanklichen Spielraum, wenn wir die Auflösung des Binären ernst nehmen und Care als Teil jeder menschlichen Identität denken, und nicht länger als weibliche Fähigkeit. Unternehmen tun gut daran, die neuen Care-Spielräume progressiv mitzudenken und mitzugestalten.

Macht und Zusammenarbeit

Wir haben an vielen Stellen bereits auf die schädlichen Einflüsse von patriarchalen Machtstrukturen hingewiesen und durch die Erzählungen unserer Interviewpartner:innen die Bedeutung von Aushandlungsprozessen und Kollaboration, von Austausch und Augenhöhe nachgezeichnet. Die hier aufgeführten Handlungsfelder care-sensibel zu gestalten, führt im

Einzelnen und erst recht im Zusammenspiel zu einer Diversifizierung und Dezentralisierung von Macht in Unternehmen. Patriarchale Über- und Unterordnungsverhältnisse werden damit aufgelöst. Das bedeutet nicht, dass es in diesen Unternehmen keine Hierarchien mehr gibt. Hierarchien sind nicht per se schlecht oder schädlich. Sie dienen auch der Entlastung und der Komplexitätsreduktion. Dennoch konnten wir einen anderen Umgang und ein anderes Verständnis von Hierarchie in unseren Gesprächen nachvollziehen: Sie ist in den Unternehmen, mit denen wir gesprochen haben, vorwiegend von funktionaler Natur und nicht länger Ausdruck von sozialer Macht, von Definitions- und Ressourcenmacht.

Macht zu verteilen und nicht länger an einer hierarchischen Spitze zu konzentrieren, ist aus organisationaler und kultureller Perspektive die Voraussetzung für eine partnerschaftliche Ordnung von Arbeit, wie sie die hier viel zitierte Kulturhistorikerin Riane Eisler als Alternative zu patriarchalen Systemen entwickelt. Nur dort, wo Partnerschaftlichkeit der relevante Betriebsmodus ist, können gegenseitiger Respekt, Verantwortung füreinander und echte Beziehungen gedeihen. Aus Konflikttheorien wissen wir längst, dass es für Menschen nicht ausschlaggebend ist, permanent ihren Willen durchzusetzen. Was den Menschen in tiefes Unglück stürzt, Ärger, Frust und sogar Hass produziert, ist das Gefühl, übergangen zu werden. Wenn wir also einen Raum schaffen, in dem Menschen sich gesehen und gehört fühlen, ist das die Basis für ein friedliches *Mit*einander.

2 Arbeit und das gute Leben: Ein Auftrag an Unternehmen der Zukunft

Auch während wir dieses Schlusswort verfassen, gehen die Menschen in Deutschland noch auf die Straße: Seit Wochen lassen die Proteste nicht nach. Menschen werden laut, um dem gefährlichen Rechtsruck im Land öffentlich etwas entgegenzusetzen. Wir haben in unserem Buch gezeigt, wie ein Mangel an Anerkennung und Wertschätzung unsere Gesellschaft spaltet. Leistung, Konkurrenz und Wettbewerb bilden das marode Fundament eines auf Wachstum getrimmten Turbokapitalismus, der die Starken stärkt, während die Schwachen aus dem Blick geraten.

Doch die anhaltenden Proteste zeigen, dass die Menschen nicht länger gewillt sind, diesen »prekären Zustand« hinzunehmen. Die Demonstrierenden drücken damit auch *Fürsorge* gegenüber ihrer Gesellschaft aus. Oder wie es der Philosoph Sandel beschreibt: »Wenn wir zum Gemeinwohl beitragen, [sind] wir am meisten Mensch.«[6]

Auf die Straße zu gehen, reicht allein allerdings nicht aus. Es braucht dauerhafte Beteiligung, es braucht Engagement, um die Demokratie und ein friedliches gesellschaftliches Miteinander am Leben zu erhalten – es braucht aktive Care-Arbeit für unsere Gesellschaft. Und dafür braucht es *Zeit*. Fürsorge, egal in welcher Form, folgt keiner Kosten-Nutzen-Logik und lässt sich nicht den Zwängen unserer Wachstums- und Leistungsgesellschaft unterwerfen.

In der kapitalistischen Marktökonomie ist sie systematisch abgewertet worden. Wir haben gezeigt, wie wichtig es ist, dass wir uns dem entgegenstellen und Fürsorge als Wert wieder ins Zentrum unseres Handelns rücken. Die Fürsorge-Krise unserer Gesellschaft kann nicht gelöst werden, indem wir versuchen, Care innerhalb der Prinzipien der kapitalistischen Marktökonomie zu optimieren, sondern indem wir sie für alle *ermöglichen*.

Die »Möglichkeit von Fürsorge« ist dabei kein rein politisches Projekt. Die Verantwortung, Fürsorge in der Gesellschaft zu stärken – das haben wir ebenfalls in diesem Buch gezeigt , beginnt auch und gerade in der Wirtschaft. Denn genau hier fand die folgenschwere Trennung statt, die Fürsorge als Tätigkeit und als Wert in die private Sphäre verbannte. Eine Wirtschaft, die Fürsorge nicht als zentrale Handlungsmaxime setzt, erlaubt sich all das, woran heute Mensch und Gesellschaft kranken und was den Planeten zerstört: ausbeuten, ausrotten, ausgrenzen, ausbrennen und beschädigen. Die Art, wie wir arbeiten und wirtschaften, ist maßgeblich verantwortlich für den gegenwärtigen Zustand individueller Erschöpfung, gesellschaftlicher Spaltung, der Klimakrise und Zerstörung unseres Planeten – und das, ohne für die Kosten aufzukommen.

Doch eine andere Wirtschaft und eine andere Art zu arbeiten sind möglich, wie unsere Beispiele zeigen. Die Interviewpartner:innen in diesem Buch sind allesamt Pionier:innen einer fürsorgenden Wirtschafts- und Arbeitswelt. Sie beweisen, dass es möglich ist, Fürsorge zum Leitstern wirtschaftlichen Handelns zu machen und Wirtschaft und Arbeit lebensdienlich zu gestalten.

Sie zeigen auch, welche Potenziale sich entfalten, wenn Unternehmer:innen und Mitarbeitende es wagen, sich nicht mehr als Teil eines Systems zu verstehen, das nach unverrückbaren Regeln funktioniert, sondern die Regeln infrage stellen, sie verändern und gestalten. Wir nennen diese Unternehmen Caring Companies, weil sich das Prinzip der Fürsorge auf vielfältige Weise in ihrem Handeln und ihrer Haltung offenbart.

Caring Companies zeigen eindrücklich, wie die Anerkennung und Aufwertung von Fürsorge die Gestaltung von Arbeit und Wirtschaft revolutionieren. Sie entwerfen Zusammenarbeit neu, indem sie die patriarchale Vorstellung einer Über- und Unterordnung überwinden und Beziehung, Austausch und gegenseitiges Verständnis in den Mittelpunkt rücken. Die partnerschaftliche Kultur der Caring Companies stellt sicher, dass die vermeintlich Schwachen eben nicht gegen die vermeintlich Starken und Lauten ausgespielt werden.

Caring Companies gestalten Arbeit und Wirtschaft auch deshalb neu, weil sie die vielfältigen Fürsorgebeziehungen des Menschen anerkennen. Erwerbsarbeit ist in diesem Verständnis nur noch *eine* Form von Tätigkeit neben vielen anderen. So begründen Caring Companies auch eine *Neuordnung von Zeit*, denn sie erkennen an, dass Fürsorge keine lästige Verpflichtung, sondern eine *regenerative Praxis* ist und als solche unabdingbar für den Erhalt von Mensch und Leben.

Damit einher geht ein gewandeltes Verständnis von Wohlstand. Caring Companies befreien das aktuelle Wohlstandsverständnis aus seinem engen Korsett, das ausschließlich die Verteilung materieller Güter bemisst. Im Ergebnis erzeugen die Unternehmen eine Vorstellung von Wohlstand, die dem Leben dient und es erhält. Wohlstand, der auch Zeit- und Beziehungswohlstand meint, wird zu einer Größe, die das *Wohlergehen* der Menschen im Blick hat.[7]

Mit einer solchen regenerativen Praxis steigen die Caring Companies aus dem Beschleunigungswahn eines auf Wachstum getrimmten Kapitalismus aus. An seine Stelle tritt ein Bewusstsein für die natürlichen Begrenzungen und den Rhythmus von Natur und Leben.

Wir brauchen eine care-sensible Wende. Caring Companies zeigen den Weg auf, wie diese in der Art, wie wir wirtschaften und arbeiten, gestaltet werden kann. Ihre Pionierarbeit zeigt deutlich, dass der Schlüssel für ein gutes Leben und einen neuen Wohlstand in der Anerkennung dessen liegt, was uns als Menschen ausmacht: die Sorge füreinander.

Quellen und Anmerkungen

Kapitel 1 Die Leistungsgesellschaft schafft sich selber ab

1 Hochranginge AfD-Politiker:innen, Neonazis und finanzstarke Unternehmer:innen ersannen bei einem geheimen Treffen in Potsdam nichts weniger als die Vertreibung von Millionen von Menschen aus Deutschland auf Basis rassistischer Kriterien. Siehe: Bensmann, Marcus et al.: »Geheimplan gegen Deutschland«, *Correctiv*, 10.01.2024.

2 Honneth, Axel: Recognition or Redistribution? Changing Perspectives on the Moral Order of Society. In: Theory, Culture & Society, Vol. 18, Issue 2-3, 2001, S. 43–55.

3 Sandel, Michael: Vom Ende des Gemeinwohls. Wie die Leistungsgesellschaft unsere Demokratien zerreißt, Frankfurt a. M.: S. Fischer Verlag 2020, S. 336.

4 Wils, Jean-Pierre: Der große Riss. Wie die Gesellschaft auseinanderdriftet und was wir dagegen tun müssen. Ein Essay, Stuttgart: Hierzel Verlag 2022.

5 Fromm, Erich: Haben oder Sein. Die seelischen Grundlagen einer neuen Gesellschaft, München: dtv 1979.

6 List, Friedrich: Das nationale System der politischen Ökonomie. Lists Kritik an der herrschenden Geringschätzung des Schulwesens, Stuttgart: Cotta'schen Verlag 1841, S. 93.

7 Biesecker, Adelheid: Der weibliche Zwilling der Ökonomie. In: Dossier Care-Ökonomie, Heinrich-Böll-Stiftung & Gunda-Werner-Institut 2010, Ausgabe: 30/10/2014.

8 OXFAM, Unbezahlte Hausarbeit, Pflege und Fürsorge, abrufbar unter: https://www.oxfam.de/unsere-arbeit/themen/care-arbeit, abgerufen am 21. Mai 2024.

9 Ohrem, Sandra; Häußler, Angela; Meier-Gräwe, Uta: Von der Nationalökonomie zur Care-Ökonomie. Geschlechtergerechte Arbeitsteilung und ihre Bedeutung für nachhaltige Wirtschaftskonzepte. In: Jahrbuch für christliche Sozialwissenschaften, 2013, S. 227–248.

10 Gemäß dem Bundesamt für Statistik (BFS) in der Schweiz betrug die Rentenlücke zwischen Männern und Frauen im Jahr 2020 etwa 37 %, siehe: Faktenblatt Gender Pension Gap (2022), Eidgenössisches Departement des Innern EDI, Bundesamt für Statistik BFS, Kommunikation. Die Armutsgefährdungsquote von Frauen in der Schweiz im Jahr 2019 lag bei etwa 12,2 %, siehe: Armut, Eidgenössisches Departement des Innern EDI, Bundesamt für Statistik BFS.

11 Laut Statistik Austria betrug die Rentenlücke zwischen Männern und Frauen im Jahr 2020 etwa 42 %, siehe: STATISTIK AUSTRIA, Bundesanstalt Statistik Österreich, www.statistik.at. In Österreich lag die Armutsgefährdungsquote von Frauen im Jahr 2019 bei etwa 12,8 %, basierend auf Daten von Eurostat, siehe: Heitzmann, Karin; Pennerstorfer, Astrid: Armutsgefährdung und soziale Ausgrenzung von Ein-Eltern-Haushalten in Österreich, Forschungsinstitut Economics of Inequality (INEQ) & Institut für Sozialpolitik der Wirtschaftsuniversität Wien, herausgegeben vom Bundesministerium für Soziales, Gesundheit, Pflege und Konsumentenschutz (BMSGPK) 2021.

12 Destatis: Gender Pension Gap: Alterseinkünfte von Frauen 2021 fast ein Drittel niedriger als die von Männern, Pressemitteilung Nr. N 015 vom 7. März 2023.

13 Deutsches Institut für Wirtschaftsforschung (DIW) & Zentrum für Europäische Wirtschaftsforschung (ZEW): Entwicklung der Altersarmut bis 2036. Trends, Risikogruppen und Politikszenarien, Studie erstellt im Auftrag der Bertelsmann Stiftung 2017.

14 Häußler, Angela: Equal Care for Future. Was hat der Care Gap mit der Klimakrise zu tun? Gastbeitrag im Blog der Initiative Equal Care, abrufbar unter: https://equalcareday.org/equal-care-for-future/, abgerufen am 21. Mai 2024.

15 Jackson, Tim: Wohlstand ohne Wachstum – Leben und Wirtschaften in einer endlichen Welt, München: oekom verlag 2017, S. 95.

16 Lessenich, Stephan: Neben uns die Sintflut, Berlin: Hanser Berlin 2016.

17 Biesecker: Der weibliche Zwilling der Ökonomie.

18 von Gottschlich, Daniela: Caring with Nature/s: Care als politische Transformationspraxis. Keynote auf dem Symposium »Care-Bewegungen: Für Die Demokratisierung Der Sorge« 2023.

19 Sandel: Vom Ende des Gemeinwohls, S. 339.

20 Lawler, Ellis; Kersley, Helen; Steed, Susan: A bit rich. Calculating the real value to society of different professions. New economic foundation 2009, abrufbar unter: https://neweconomics.org, abgerufen am 28. Mai 2024.

21 GemeinwohlAtlas, abrufbar unter: https://www.gemeinwohlatlas.de, abgerufen am 28. Mai 2024.

22 Sandel: Vom Ende des Gemeinwohls, S. 67.

23 Ebd., S. 95.

24 Eisler, Riane: Die verkannten Grundlagen der Ökonomie. Wege zu einer Caring Economy, Marburg: Büchner Verlag 2020, S. 116.

25 Tlusty, Ann-Kristin: Süß. Eine feministische Kritik, München: Carl Hanser Verlag 2021, S. 165.

26 Leberecht, Tim: Gegen die Diktatur der Gewinner. Wie

wir verlieren können, ohne Verlierer zu sein, München: Droemer Verlag 2021, S. 65.
27 Eisler: Die verkannten Grundlagen der Ökonomie.
28 Schutzbach, Franziska: Die Erschöpfung der Frauen. Wider die weibliche Verfügbarkeit, München: Droemer Verlag 2021, S. 223.
29 Lessenich: Neben uns die Sintflut.

Kapitel 2 Caring Companies – die Zukunft der Arbeit neu gestalten

1 Dengler, Corinna; Lang, Miriam: Feminism meets Degrowth. Sorgearbeit in einer Postwachstumsgesellschaft. In: Knobloch, Ulrike (Hrsg.), Ökonomie des Versorgens. Feministisch-kritische Wirtschaftstheorien im deutschsprachigen Raum, Weinheim/Basel: Beltz Juventa 2019, S. 313.
2 Schutzbach: Die Erschöpfung der Frauen, S. 166.
3 Tlusty: Süß, S. 56.
4 Yougov: Regretting Parenthood. Wenn Eltern ihre Kinder lieben – das Kinderkriegen aber bereuen, abrufbar unter: https://yougov.de/politics/articles/16036-regretting-parenthood-wenn-eltern-ihre-kinder-lieb, abgerufen am 21. Juni 2024.
5 Schutzbach: Die Erschöpfung der Frauen, S. 168.
6 Rusinek, Hans: Work-Survive-Balance. Warum die Zukunft der Arbeit die Zukunft unserer Erde ist, Freiburg im Breisgau: Verlag Herder 2023, S. 252.
7 Ebd., S. 253.
8 BKK Dachverband e.V., BKK Gesundheitsreport 2018: Zahlen – Daten – Fakten.
9 Statista GmbH, Arbeitsunfähigkeitsfälle aufgrund von Burn-out-Erkrankungen in Deutschland in den Jahren 2004 bis 2022.
10 McKinsey Health Institute, Brassey, Jacqueline; Herbig, Brad; Jeffery, Barbara; Ungerman, Drew: Reframing

employee health: Moving beyond burnout to holistic health, November 2, 2023. Die Zahlen beziehen sich auf gesetzlich versicherte Personen.

11 Schmitt, Richard: Alienation and Freedom, Boulder (Colorado): Westview Press 2003, S. 91.

12 Mierau, Susanne: Füreinander Sorgen. Warum unsere Gesellschaft ein neues Miteinander braucht, Hamburg: Rowohlt Verlag 2023, S. 84 ff.

13 Bergmann, Frithjof: »Ohne Arbeit ist der Mensch unvollkommen«, *ZEIT ONLINE Arbeit* Nr. 2/2019, 22. 10. 2019.

14 Rövekamp, Marie: »Berliner Start-up ›Einhorn‹: Arbeiten ohne Chefs und Regeln«, *Tagesspiegel*, 14.02.2019.

15 Ryan, Richard; Deci, Edward: Self-determination theory and the facilitation of intrinsic motivation, social development, and well-being, American Psychologist 2000, 55(1), S. 68–78.

16 Mierau: Füreinander Sorgen, S. 194.

17 Eisler, Riane: »Wir gestalten unsere Evolution selber mit«, *Der Standard*, 25.08.2019.

18 Tröger, Nina; Panhuber, Lisa: (Nachhaltiger) Modekonsum in Österreich: Hohes Bewusstsein, aber noch Lücken beim Handeln, Arbeiterkammer Wien, Materialien zur Konsumforschung Nr. 10, Wien 2023.

19 ecos AG im Auftrag des Bundesamts für Umwelt (BAFU), Erhebung zu unverkauften Waren im Textil- und Bekleidungssektor in der Schweiz und Maßnahmen zur Reduktion der Umweltbelastung, 14.04.2023.

20 *Tagesschau*: »Mehr als die Hälfte der Überstunden 2023 unbezahlt«, 09.05.2024.

21 Autonomy Research Ltd.: The results are in: The UK's four-day week pilot, Februar 2023.

22 Habermann, Friederike: Die Freiheit, so zu leben, wie wir es wollen. In: Konzeptwerk neue Ökonomie (Hrsg.), Zeitwohlstand – Wie wir anders arbeiten, nachhaltig

wirtschaften und besser leben, München: oekom verlag 2014, S. 15.

23 Rosa, Hartmut: Resonanz statt Entfremdung: Zehn Thesen wider die Steigerungslogik der Moderne. In: Konzeptwerk neue Ökonomie (Hrsg.), Zeitwohlstand – Wie wir anders arbeiten, nachhaltig wirtschaften und besser leben, München: oekom verlag 2014, S. 63.

24 Ebd.

25 Kaninski, Benedikt: »Vier Tage Arbeit, drei Tage frei«, *Deutschlandfunk*, 02.06.2023.

26 Haug, Frigga: Zeit, Wohlstand und Arbeit neu definieren. In: Konzeptwerk neue Ökonomie (Hrsg.), Zeitwohlstand – Wie wir anders arbeiten, nachhaltig wirtschaften und besser leben, München: oekom verlag 2014, S. 33 f.

27 Schneidewind, Uwe; Zahrnt, Angelika: Damit gutes Leben einfacher wird. Perspektiven einer Suffizienzpolitik, München: oekom verlag 2013, S. 13.

28 Griese, Kai-Michael; Wawer, Tim; Böcher, Robert: Suffizienzorientierte Geschäftsmodelle am Beispiel von Stromspeichern. In: Zeitschrift für Energiewirtschaft 40/2 2016, S. 57–71.

29 Sommer, Bernd; Welzer, Harald: Transformationsdesign. Wege in eine zukunftsfähige Moderne, München: oekom verlag 2017.

30 Steuernagel, Armin (im Interview mit Ruth Fendt): »Patagonia ist jetzt Pionier einer neuen Form des Kapitalismus«, *ZEIT ONLINE*, 23.09.2022.

31 Rosa, Hartmut: Verdichtete Zeit. Wachstum bedeutet Beschleunigung, aber Entschleunigung ist auch keine Lösung. In: *Le Monde Diplomatique*. Kolleg Postwachstumsgesellschaften. Atlas der Globalisierung: Weniger wird mehr. Berlin: Taz 2015, S. 42–43.

32 Ebd.

33 *The Guardian*: »The EU needs a stability and wellbeing pact, not more growth«, 16.02.2024.

34 Göpel, Maja: »Dann stellt sich auch die Verteilungsfrage«, *Deutschlandfunk Kultur*, 28.01.2024.

Kapitel 3 Sorgt euch! Aufbruch in eine care-sensible Gesellschaft

1 Institut für Arbeitsmarkt- und Berufsforschung: Vollzeitbeschäftigte wünschen sich kürzere Arbeitszeiten, Presseinformation vom 06.11.2023.

2 Umweltbundesamt, Texte 105/2019: Arbeitszeitverkürzung – gut fürs Klima? Treibhausgasminderung durch Suffizienzpolitiken im Handlungsfeld »Erwerbsarbeit«.

3 Die Formulierung ist eine Anleihe bei Bertolt Brecht. 1934 dichtete er: »Reicher Mann und armer Mann standen da und sah'n sich an. Und der arme sagte bleich, wär' ich nicht arm, wärst Du nicht reich.«

4 Rusinek, Hans: »Weniger statt immer mehr«, *Deutschlandfunk Kultur*, 12.12.2023.

5 Der Begriff Heteronormativität beschreibt ein gesellschaftliches Wertesystem, das nur zwei Geschlechter (männlich und weiblich) und heterosexuelle Beziehungen (ein Mann und eine Frau) anerkennt und als normal ansieht. In einer heteronormativen Gesellschaft werden an alle Menschen soziale Erwartungen gerichtet, wie sie als Männer und Frauen miteinander leben sollen. Hier wird davon ausgegangen, dass Menschen entweder als Mann oder als Frau geboren und entsprechend erzogen werden sowie dass sie nur mit dem jeweils anderen Geschlecht sexuelle Beziehungen eingehen. Die normative Zweigeschlechtlichkeit geht mit einer Privilegierung der Heterosexualität und einer Diskriminierung gegenüber Menschen einher, die ein nicht-heteronormatives Geschlecht oder Sexualleben leben.

6 Sandel: Vom Ende des Gemeinwohls, S. 337

7 Göpel, Maja (im Interview mit Peter Unfried): »Wir wird wichtiger als Ego«, *taz*, 01.11.2020.

Dr. Esther Konieczny, Jahrgang 1980, begleitet als selbstständige Beraterin Unternehmen und Organisationen auf ihrem Weg in die Realität einer zunehmend komplexen Gesellschaft und befähigt sie, im digitalen Dauerrauschen bestehen zu können. Als Aktivistin und Vereinsgründerin kämpft sie für mehr Care- und Geschlechtergerechtigkeit.

Lena Stoßberger, Jahrgang 1980, arbeitet als Organisations- und Personalentwicklerin mit Unternehmen und Menschen, die die Zukunft der Arbeit aktiv gestalten. Ihre Schwerpunkte sind Führungsmodelle und Selbstorganisation, neue Formen der Zusammenarbeit und mentale Gesundheit.